JN436993

그 바람 때문에

윤효숙 수필집

아무리 사나운 태풍이 불어와도 그 태풍 속에서도
잔잔한 고요가 깃드는 곳이 있다.

그
사람
때문에

윤효숙 수필집

수필과비평사

서문

두 번째 수필집을 내면서

첫 수필집 《한 송이 들꽃처럼》을 출간하고 어느덧 십여 성상을 향해 달려가고 있습니다. 수필집 출간의 과정 과정이 정말 힘들었고 후유증으로 백내장 수술까지 한 경험이 있어 다시는 그런 어려움을 겪지 않으리라 결심도 했었습니다. 글은 모였지만 문우들의 연이은 출간을 축하만 해주다가 저도 또다시 용기를 내어 보았습니다. 여인들이 산고의 고통을 잊어버리고 다시 아이를 출산하는 것처럼 그 어려운 고행을 다시 시작하게 됐습니다.

세찬 비바람까지 고스란히 감내하던 마지막 잎새마저 떨어져 버린 지난겨울, 겨울바람의 위력을 다시 한번 느껴보라는 듯이 뼛속까지 한기를 뿜어댔습니다. 햇살은 겉돌고 대지는 메마른 먼지로 풀썩거렸습니다. 함박눈을 무척이나 기다렸습니다. 비록 교통수단이 마비되고 집에 틀어박혀 꼼짝 못 하는 불편이 있다 하더라도…….

끝내 함박눈을 맞지 못한 자연은 그래도 어디에 습기가 있었는지 뾰족이 새순을 내놓습니다. 거칠고 투박한 산수유 가지도 노란 자태를 드러냅니다. 땅속 어디에 그런 힘이 숨어 있었는지 해쑥이 제법 파랗게 물이 오릅니다. 봄까치꽃은 보아주는 이 없어도 자기를 봐달라는 듯이 보랏빛 눈망울을 반짝입니다. 자연은 무한한 사랑을 품은 어머니의 품속처럼 넉넉히 사랑의 씨앗들을 쏟아내기 시작합니다. 말라비틀어져 죽은 듯이 웅크리고 있던 나뭇가지 하나마다 연초록의 잎눈이 틔기 시작하고 갯버들의 뽀얀 눈이 나의 눈길을 멈추게 합니다. 산벚꽃은 특유의 야리야리한 연분홍빛으로 온 산을 물들입니다. 동물들은 기나긴 겨울잠을 깨고 이제야 자연은 생기로 들썩거립니다. 희망이 없던 곳에 소망이 살포시 고개를 내밉니다.

머지않아 신록의 계절로 우리를 맞이하겠지요. 청소년기를 거쳐 장년에 이르듯이 자연도 푸른 숲에 활기를 불어넣어 더욱더 힘차게 그 에너지를 쏟아붓겠지요. 우리의 삶도 어려움을 뚫고 싹을

틔워내는 자연처럼 희망의 불빛을 피웠으면 좋겠습니다. 끝난 것 같고 낙심할 것 같은 곳에서도 주저앉지 않고 빛을 향하여 나아갔으면 좋겠습니다. 저의 삶 속에 들어온 기쁨은 함께 나누고 어려움도 함께 이겨내며 위안받았으면 좋겠습니다.

그동안 지도해 주신 전북대학교 평생교육원 수필반 한경선 교수님과 문우님께 감사의 인사를 드립니다. 책을 발간할 수 있도록 말없이 힘이 되어준 남편에게도 감사를 드립니다. 또한 새로 부임하여 바쁘신 중에도 글을 읽고 추천의 글을 써주신 이효정 목사님께도 감사드립니다. 무엇보다도 《그 바람 때문에》 무엇이 가장 소중한지를 알게 해주신 하나님께도 영광을 돌립니다. 졸필이나마 끝까지 읽어주신 여러분들에게 평안과 복이 충만하시길 소원합니다.

2022년 봄에

윤효숙

추천의 글

이 세상에서 쉽고 행복하기만 한 인생을 사는 사람은 없을 것입니다. 부자에서부터 가난한 사람까지 누구든 인생은 힘들고, 어렵고, 고통스럽습니다. 어떤 때는 벼랑 끝에 홀로 서 있는 듯할 때가 있고, 광막한 광야에서 헤매는 듯할 때가 있습니다. 그럴 때마다 우리는 누군가의 따뜻한 손길을 기다립니다. 아버지처럼 큰 힘과 용기를 주는 따뜻한 말, 어머니처럼 큰 위안과 위로를 주는 부드러운 말. 당신은 혼자가 아니라고, 당신도 할 수 있다고 말해 주기를 기대합니다. 저는 이 책에 있는 장로님의 한마디 한마디가 그렇다고 생각합니다.

기억하고자 하는 매 순간들을 아름다운 글로 표현해 주셔서 감사합니다. 장로님의 삶 속에서 살아계신 하나님과 그분의 능력을 발견하게 되었습니다. 그리고 그 하나님께서 오늘 우리의 인생에도 찾아오신다고 믿게 되었습니다.

믿음으로 성찰한 인생의 역사가 많은 분들에게 공감이 되고 도전이 되기를 원합니다. 지치고 고단한 인생을 사는 분들이 계십니까? 장로님이 만난 하나님을 이 책에서 발견하시기 바랍니다. 그리고 새 소망으로 일어서시기 바랍니다. 이 책을 읽는 모든 분들에게 하나님의 은혜가 함께하시기를 진심으로 소망합니다.

2022. 6.

한국기독교장로회 희년교회 이효정 담임목사

차례

제2부

배려

제3부 완전한 신고식

제4부

그 바람 때문에

제 5 부 동고동락 병상일지

제 6 부

플라멩코 춤에는 집시가 없다

제1부 ——— 또 하나의 꽃잎

윤효숙 作, 또 하나의 꽃잎, 한국 채색화, 21cm×15cm

시집가는 날, 고와 보이고 싶어 입술을 빨갛게 칠했다가

다시 지우는 수줍은 새색시처럼

거리엔 연분홍 벚꽃이 별빛되어 흩어진다.

또 하나의 꽃잎

●

시집가는 날, 고와 보이고 싶어 입술을 빨갛게 칠했다가 다시 지우는 수줍은 새색시처럼 거리엔 연분홍 벚꽃이 별빛 되어 흩어진다. 힘없이 떨어지는 벚꽃 잎을 보다가 왜 갑자기 나의 제자와 그 엄마가 생각날까? 그동안 잊고 살았는데, 아니 잊힌 게 아니라 나의 뇌 속에서 맴돌다가 벚꽃 따라 불쑥 튀어나왔는지도 모르겠다. 20여 년 전이던가? 봄기운은 돌았지만 그때도 역시 손끝이 아리게 추웠다.

3월의 교단은 언제나 을씨년스럽다. 1학년 신입생들은 처음 시작하는 학교생활에 기대 반 두려움 반으로 설레기 마련이다. 시간표에 따라 규칙적으로 생활하는 것이 부담되어 하루만 놀다 오고 싶다는 아이가 생기기도 한다. 입학식이 끝나고 교실에서 첫 수업이 시작된다. 이날은 학생들과 선생님이 기 싸움하는 날, 아이들은 아이들대로 선생님의 성격을 파악하려고 귀를 쫑긋 모으고 선생님 말씀에 귀 기울인다. 선생님은 학생들의 기선 제압을 위해 평소보다 더 엄격하게 학교생활에 대한 규칙을 설명한다.

일 학년 신입생들은 처음 한 달간의 학교생활이 싱겁기만 하다. 유치원에서 배운 것들이 많기 때문이다. 그런데도 율동을 열심히 따라 하는 어린이는 교사에게 깊은 인상을 준다.

"텔레비전에 내가 나왔으면 정말 좋겠네~. 정말 좋겠네."

"사과 같은 내 얼굴 예쁘기도 하지요."

두 손을 모으고 두 눈을 반짝이며 예쁘게 따라 하는 S가 유독 내 눈길을 끈다. 선생님의 말 한마디라도 놓칠세라 다 집어삼킬 기세다. 날아갈 것 같은 가뿐한 몸집에 갸름한 계란형 얼굴 선. 얄포름하면서도 가느다란 눈은 신사임당의 눈매를 닮았다.

성취욕이 강한 아이들은 무엇이든지 꼭 이루고야 만다. 학과목은 물론 예능 과목도 만능이다. 물론 그렇게 되기까지는 부모의 관심과 본인의 노력이 뒤따랐을 것이다. 일 학년 선생님들은 받아쓰기는 물론 글씨체까지도 지도하여 상급학년으로 올려 보내야 하는 책임감으로 더 신경을 쓴다. 이때가 아니면 지도할 시간이 없어서다. S는 보기 드물게 처음부터 글씨도 한석봉체로 똑바로 잘 썼다. 하나에서 열까지 나무랄 데 없는 S가 마음이 더 가는 것은 교사도 사람이기에 어쩔 수 없다. 퍽 똘똘했다. '으흠? 나의 애제자가 되겠군.' 내 마음이 흐뭇해졌다.

그로부터 한 달 뒤, S의 텅 빈 자리가 확 다가왔다. 말없이 결석

할 S가 아니다. 전화를 해보았지만, 응답이 없었다. 손전화도 없던 시절이라 답답했다. 오후에 연락이 왔다. 경황이 없어 이제야 전화한다며 S가 아파서 대학병원에 입원했다고 한다. 퇴근하는 길에 문병을 갔다. S 엄마의 커다란 눈에서 눈만큼 큰 눈물이 뚝뚝 떨어졌다. 전날 저녁, S는 부부동반 모임을 하는 부모님을 따라갔다. 어른들은 위층에서 식사를 하고 한창 대화를 나누는 중이었다. S는 한 학년 위인 아빠 친구인 집 주인 딸을 언니처럼 잘 따랐다. 아이들은 따로 할 일이 없었다. S는 정육점을 하는 아빠 친구 딸과 함께 아래층으로 내려왔다. 거기엔 여러 가지 신기한 기계들이 많이 있었다. 언니가 말했다.

“야, 여기다 고기를 넣으면 갈아져서 이쪽으로 나온다?”

“진짜야?”

“그래. 여기다 넣어봐.”

“이렇게?”

처음엔 뭐라도 다 해 줄 것 같았던 아빠 친구는 어디서 알아봤는지 일곱 살 미만의 어린이는 부모 책임이라며 슬그머니 한 걸음 뒤로 물러났다. 착하기만 한 S의 부모는 마음 앓이만 할 뿐이었다.

“이를 어쩔 거나, 우리 예쁜 S를 어쩔 거나! 네가 이 세상에 나왔을 때 엄마 아빠는 세상을 다 얻은 것처럼 기뻤지. 입학했을 때 영특한 너를 보고 큰 인물이 될 거라 기대했지. 커가면서 얼마나 나를 원망할 거나.”

엄마의 눈에선 피눈물이 나왔다. 딸의 미래를 생각하면 생각할 수록 암담했다. S 엄마는 그나마 신앙의 힘으로 버티고 있는 듯했다. 얼마 뒤, 자그마한 고무손을 달고 온 S는 오히려 담담했다. 악惡이 무서워 달아날 만큼 청아한 얼굴이 오히려 시리게 아름다웠다. 여전히 초롱초롱한 눈망울과 기대에 찬 얼굴로 내 말을 잘 따랐다. 오른손으로 썼던 한석봉체는 이젠 왼손으로 쓰였다. 모든 것을 체념 한 듯한 S 엄마의 멍한 얼굴도 점점 생기를 되찾아 갔다. 마치 흑백사진에서 컬러사진으로 바뀐 것 같이 생기가 묻어났다. 유난히 해맑은 눈빛의 S와 남의 탓으로 돌리지 않고 포기하지 않는 S 엄마였다. 그러기에 아마도 S는 또래보다도 더욱 훌륭히 자랐으리라 믿고 또 믿어본다.

엄마 양분 빨아먹고 피어난 꽃잎들은 꽃비 되어 바람 따라 날아간다. 엄마는 날아가는 자식을 바라보며 또 하나의 이파리를 피워낸다. 눈물의 진액이 마르지 않은 듯 여기저기서 잎사귀가 엄마 품을 비집고 나온다. 엄마는 이파리 속에 숨어있는 또 하나의 꽃잎을 보며 고통의 눈물 대신 희망의 눈물을 쏟아내고 있다.

(2015. 4. 25. 떨어진 벚꽃을 보며 제자와 그 엄마를 생각하다.)

용서

•

'19세 최연소 올림픽 미국 국가 대표, 47일간의 태평양 표류, 850일간의 전쟁포로'

영화 〈언브로큰(Unbroken)〉의 주인공 루이 잠페리니에 대한 부연 설명이다. 미국 이민생활에서 친구들에게 따돌림을 당하던 루이는 우유병에 술을 넣어 마시고 담배도 몰래 피우던 말썽꾸러기 소년이었다. 그러던 그에게 형이 던진 '견딜 수 있으면 해낼 수 있다.'라는 말 한마디에 용기를 얻어 삶의 변화를 일으킨다.

그가 잘하는 것 하나가 있으니 바로 달리기였다. 피나는 노력 끝에 19세 때, 미국 대표로 1936년 베를린 올림픽에서 최연소 달리기 선수로 세계의 주목을 끌었다. 그의 꿈은 동경올림픽에 출전하는 것이었다. 그러나 제2차 세계대전이 터져 공군으로 참전하여 작전 수행 중 엔진 고장으로 태평양에 떨어지고 만다. 3명이 고무보트에서 상어를 잡아먹는 등 갖은 고투를 벌이며 47일간의 표류생활을 한다. 드디어 군함이 다가와 그들을 구출한다. 받아놓은 빗물 한 병에 의지하고 있던 그들에게는 이루 말할 수 없는 기쁨이었다.

기쁨도 잠시, 인생 항로에 좋은 소식은 꼭 나쁜 소식과 함께 온다. 그 배는 일본군의 전함이었다. 이때부터 전쟁포로 생활이 시작된다. 잔혹한 일본군 감시관 와타나베와의 첫 대면 때 루이는 감시관을 살짝 쳐다봤다. 와타나베는 쳐다봤다고 막대기로 얼굴을 때린다. "날 봐!" 보면 봤다고 또 때린다. 그러니까 학생들이 흔히 하는 말로 "눈깔아!" 라는 훈련을 시킨 셈이다. 처음부터 악연이 시작되더니 와타나베는 사사건건 루이를 괴롭힌다.

어느 날 와타나베가 승진해서 다른 부대로 이동했다는 소식이 들린다. 영화를 보던 나도 안심이 되었다. 그러면서 점점 시간이 지나 일본군의 패전 소식이 간간이 들려온다. 일본군은 첩첩산중에 있는 탄광촌으로 포로들을 이동시킨다. 루이는 다시 감시관 앞에서 사열을 받는다. 계단에서 내려오는 감시관의 군화부터 카메라는 점점 얼굴로 다가간다. 순간, 꿈속에서라도 만나고 싶지 않은 와타나베가 거기에 있었다. 앞으로 있을 고통은 말해서 무엇 하리.

루이는 지난 번 사열식에서 쳐다봤다고 고통당했던 기억을 떠올렸다. 눈을 뜨면 또 때릴 것이니 이젠 아예 눈을 감았다. 와타나베는 이번에는 눈을 감았다고 때렸다. 이런저런 일로 포로생활은 끝없는 괴로움의 연속이었다. 그러나 시작이 있으면 끝도 있는 법. 전쟁은 끝나고 루이는 미국으로 돌아와 할아버지가 다 되어서 그가 소원하던 동경에서 달리기를 하는 것으로 마무리한다. 배우가 아닌 실재인물 잠페리니가 성화를 들고 달리는 마지막 장면은 큰 감동이었다.

영화 〈언브로큰(부러지지 않음)〉은 실화를 소재로 유명한 배우 안젤리나 졸리가 감독하여 전쟁의 참혹성을 표현하려 했다고 한다. 그녀는 일본군이 행한 생체실험과 잔혹 행위를 영화로 고발하고 싶었다. 내가 느끼기엔 마루타나 위안부 등에 비하면 그런 것쯤은 아무것도 아니라는 생각이 들었다. 그런데도 일본국민은 영화 상영을 금지하고 안젤리나 졸리의 입국을 거부하는 등, 독도는 우리 땅이라는 식의 또 한 번 국민 이기주의적 비양심을 드러냈다.

그들의 철면피한 행동은 어디까지 갈 것인지 궁금하다. 주인공은 자신을 그렇게도 괴롭혔던 와타나베를 용서하고 그를 만나고 싶어 했으나, 와타나베는 끝까지 거부함으로써 그도 어쩔 수 없는 일본인이라는 한계를 드러냈다. 그가 만나지 않은 것인지, 아니면 양심상 만날 수 없었는지는 그만이 알고 있겠지만 대부분 영화에선 서로 화해하고 용서하는 것으로 끝난다. 하지만 이 영화에서는 와타나베의 거부로 화해는 없었다. 지금도 전쟁을 일으킨 데 대한 진정한 용서를 빌지 않는 일본이기에 결국 그런 일본인의 국민의식을 나타냈다. 참으로 안타깝다.

지금까지 살아오면서 나도 나에게 해를 끼친 사람을 용서하고 그런 일이 일어나지 않은 것처럼 아무렇지 않게 잘 지내고 있는 일이 두 번 있었다. 첫 번째는 사실이 아닌 억울한 이야기를 들은 일이었다. 처음 그 이야기를 들었을 때 나는 그런 사람이 아니라고 바로 오해를 풀고 싶었다. 진실은 밝혀지기 마련이니 그냥 덮어두는 것이 덕 있는 사람이라는 결론을 내리고 덮어 두려니 너무나 속이 상했다. 그럴 때는 하나님께 기도하는 수밖에 없었다. 울면서 기도하는데 "너 그것이 그렇게 억울하냐? 나는 하나님의 아들인데도 그런 모욕을 다 당하고 십자가에서 죽기까지 했다."라는 주님의 마음이 나에게 전해졌다. 내게 처한 상황은 예수님께 비하면 티끌만도 못한 하찮은 일임을 느끼자 "그래요. 예수님, 저는 이렇게 속이 좁아요."라는 고백이 저절로 나왔다. 뒤엔, 그를 위해 기도하게 되고 기도는 용서로 이어졌다.

또 한 번의 일은 나의 부탁을 끝까지 들어주지 않은 이에게서 내가 큰 상처를 받은 일이 있었다. 그것도 하나님의 뜻이었는지, 그 일로 결과는 오히려 더 좋아졌다. 성경에 '원수를 사랑하라'는 말씀이 있지만 그대로 실천하기란 역시 어렵다. 나의 경우 기도를 할 수 있어 오히려 그가 잘 되기를 기도하니 모든 관계가 회복되고 화평이 이루어졌다.

진정한 용서는 무엇일까? 조금의 찌꺼기도 없이 언제 만나도 좋은 그런 관계가 아닐까 싶다. 주인공 루이가 와타나베를 그런 마음으로 만나려고 했다면 그게 바로 용서가 아닐까. 하지만 그런 마음이 들었다 하더라도 그것이 상대방에게 전달되지 않을 때 마음속에서라도 용서하고 잊어버린다면 루이는 오늘도 웃을 수 있으리라.

아름다운 동행

●

요즈음 여자축구가 서서히 떠오르고 있다. 내가 머물고 있는 이곳 미국 메릴랜드에도 젊은 엄마들 사이에 딸에게 축구를 가르치려는 바람이 불고 있다. 땡볕이 내리쬐는 축구장에서 딸은 축구를 하고 엄마도 끝날 때까지 기다린다. 축구교실에 들어가기 위해 줄을 서고 딸들을 가르치고자 열성을 다한다. 우리나라 여자축구도 올해 기대보다 좋은 성적을 거둬 차츰 관심을 받고 있다.

며칠 전, 식당에서 우연히 TV를 보게 되었다. 프랑스 대 독일의 여자축구 게임이었다. 상황은 1대1에서 연장전도 끝나고 승부차기 시간이 되었다. 미국의 식당이라 영어로 진행되었고 음량도 낮춰놓아 소리도 들리지 않지만, 그 긴박감은 내게도 고스란히 전달됐다. 2002년 우리나라와 스페인과의 8강전에서 이윤재 골키퍼가 공을 막아낼 때 얼마나 기도하였던가? 그때의 마음 졸임이 다시 한

번 생각났다.

각 팀이 한 골씩 넣고 마지막 독일 선수가 성공했다. 이제 프랑스 선수가 넣지 못하면 승부는 결정된다. 마지막 선수가 넣은 공을 독일키퍼가 힘껏 막아냈다. 독일 선수들이 기뻐하는 것은 물론, 프랑스 선수들이 슬퍼하는 것은 너무나 당연하다. 더구나 그 선수는 경기 도중 슛을 성공하게 한 선수인지 골인하는 모습을 몇 번이나 확대해서 보여준 선수였다. 기대한 만큼 실망도 컸을 텐데.

기자들은 이긴 팀에게 인터뷰를 하며 명장면들을 내보냈다. 이때 한 장면이 내 눈에 들어왔다. 바로, 골을 넣지 못한 프랑스 선수를 위로하는 듯 어깨를 감싸며 걸어가는 프랑스 팀 감독의 뒷모습이었다. 그 모습은 얼크러져 뛰며 기뻐하는 독일 선수들의 화면과 겹쳐져 언뜻 보기에 패자의 쓸쓸한 뒷모습으로 비칠 수도 있었다. 그러나 그 장면을 보는 순간 내 마음에 잔잔한 파문이 일었다. 그 잔잔함은 곧 큰 파도로 일렁였다. 집에 돌아오는 내내 파도는 멈추지 않았다. 과연 내가 그 감독이라면 어땠을까? 골을 넣지 못한 선수를 질책하며 원망 어린 눈빛을 보냈을지도 모른다. 아니 좀 더 너그럽게, 이성적으로는 위로했을지언정 마음속에선 울화가 치밀었을 것 같다.

갑자기 우리나라 전래동화 하나가 떠올랐다. 실수해도 덮어주고 '내 탓이오.'하는 가정은 항상 웃음이 떠나지 않는 행복한 가정이라는 내용이었다. 반면, 심술쟁이 가정은 같은 실수를 네 탓으로 돌리니 늘 불평만 하여 결국 불행한 가정이 되었다는 이야기다.

우리의 의식 속엔 이긴 자에게만 관심을 쏟고 패자에게는 너그럽지 못하다. 우리 선수들이 이겼을 땐 온 국민이 열광하지만 졌을 때는 냉랭하다. 방송부터 확연히 드러난다. 그럼 나는 어떤가. 가령 내가 가장 아끼는 물건을 내 손녀가 실수로 깨뜨렸다고 하자. 어디 다치지 않았느냐고 아이를 먼저 위로하고 살피는 것이 우선임에도 불구하고 소리부터 지르며 꾸중할는지도 모른다. 하물며 가족이 아닌 타인이 그런 실수를 했을 때 변상하라 하지 않으면 다행이다. 우선 그런 난처한 상황을 만들지 않는 것이 상책이라고 생각할 것이다.

신앙생활을 하다 보니 성격도 조금씩 변해간다. 나만 생각하던 것이 이웃도 돌아봐진다. '내가 하기 싫은 것은 다른 사람도 하기 싫겠지?' 하는 생각도 해본다. 그러나 내가 가기 싫은 길을 친구가 가자고 할 때 친구를 위해서 갈 정도까지는 아직도 갈 길이 멀다. 성경에서는 분명히 '친구가 오리를 가자면 십 리를 가줘라.'라고 하는데 시간과 건강 등 스스로 이유를 붙여 실천하지는 못했다. 하물며 내가 하지 않은 실수를 덮어쓰며 같이 고난 받는 것은 한 차원 더 높은 사랑의 표현이다. 우리가 연탄을 때던 시절, 아버지는 연탄 수레를 끌고 아들은 뒤에서 밀어주는 사진이 대상을 탄 적이 있었다. 그만큼 그들의 동행이 아름다웠기 때문이리라. 이에 못지 않게 승부차기를 실수한 프랑스 선수와 감독의 아름다운 동행은 나에게 큰 의미로 다가왔다.

(2015. 8. 11. 딸의 산후조리 중에.)

소소한 행복

●

그때 멈췄어야 했다. 온몸이 심연에 가라앉는 듯 힘이 빠지고 나락으로 떨어진 것처럼 아득할 때, 그때 멈췄어야 했다.

신록의 계절을 넘어 6월의 산세는 나무마다 짙은 향내를 풍기며 무성함을 드러냈다. 밤새 기다리다 얼굴 내민 해님을 따라가며 숲의 향취와 함께 산책하는 즐거움이 생각보다 컸다. 아니 그 즐거움보다 내 속내는 갈수록 최고치를 경신하는 나의 몸무게를 줄이는 데 더 마음이 갔다. 오후 한나절 탁구동아리에서 게임을 하며 땀을 빼는 것을 으뜸으로 삼은 것도 다 그 이유에서다. 그래도 저울추는 내려갈 조짐은커녕 여전히 그 자리에 머물고 있었다. 그래도 한국에서 그렇게나마 운동을 해서 그 정도 유지했다는 것을 딸네 집에 와서 알았다.

내 큰딸은 초등학교 일 학년서부터 그 아래로 고만고만한 손녀

셋을 기르며 목사 남편 내조까지 해야 한다. 거기다 오케스트라 지도, 바이올린 교습 등 하루를 25시로 사용해도 모자라는 딸을 어느 친정엄마가 돕지 않겠는가. 철이 자석에 끌리듯 자진해서 여름만 되면 미국으로 달려간 지가 벌써 여섯 해가 지났다. 어김없이 내 남편도 자청하여 홀아비가 되고, 난 이곳에서 도우미와 가정교사 보모 노릇을 하고 있다.

보름이 훌쩍 지나고 운동을 멈춘 내 몸은 여태 한 번도 나타나지 않은 숫자를 가리켰다. 드디어 운동센터에 등록하여 열심히 노력한 결과 차츰 예전으로 회복되고 있었다. 그날은 욕심을 부렸다. 도수를 올려 나의 세포들이 못 살겠다고 아우성을 칠 무렵, 딸 집에 돌아온 내게 손녀들 점심 준비가 기다리고 있었다. 오후 시간엔 딸이 교습을 하는 동안 손녀들 공부를 도와줘야 했다. 딸은 손녀가 스스로 공부할 수 있도록 숙제를 내줬다. 하지만 어린애들이 다 그렇지 셋이나 되니 말대로 차분히 앉아서 제 할 일만 하진 않는다. 손녀들은 책을 읽다가도 문제를 풀다가도 제 동생들에게 달려가곤 했다. '이리 와라. 그러지 마라.' 머리가 너무 아팠다. 그럴 땐 요가로 몸을 풀고 나면 다시 회복되기도 해서 요가를 하려고 누웠다. 그러나 한 동작도 할 수 없었다. 그대로 쉬고만 싶었다. 딸은 9시가 되어야 개인지도가 끝난다고 했다. 저녁밥을 준비하고, 딸을 생각하는 모정으로 평소에는 하지 않던 아이들 목욕까지 시키고 잠이 들었다.

새벽, 일어나는 순간 갑자기 머리가 빙 돌며 내 몸이 방바닥으로 곤두박질쳐졌다. 머리를 모서리에 찧었으면 뇌진탕이었을 텐데 그래도 창문 블라인드에 부딪혀서 혹도 나지 않고 견딜 만했다.

그날 밤이었다. 잠자리에 누우려고 베개에 머리를 대는 순간 뱅그르르 돌면서 고개를 댈 수가 없었다. 일어나 의자에 앉아서 밤을 새웠다. '세상에 누울 수 없는 병도 있구나.' 병원에 갔더니 이석耳石증이란다. 몸에 면역력이 떨어지고 잠을 못 자며 무리하면 생긴단다. 건강이라면 자신했던 나였는데 병명이라도 알아서 다행이었다. 적을 알았으니 인터넷을 보며 자가 치료를 했다. 그래서 그런지 그 뒤론 심한 어지럼증은 없고 대신 조금만 신경 쓰면 머리가 욱신거린다. 내 심장도 걸핏하면 벌렁벌렁하는 게 많이 놀란 눈치다.

누구에게나 한계점이란 것이 있다. 그것이 건강이든 물질이든 넘지 말아야 할 선이 있다. 나에게 어느 선까지가 한계점인 줄을 몰라 일을 그르칠 때가 많다. 그날 이후 그 한계점을 생각해 나의 건강에 신경 쓰고 있다. 내 건강이 일시에 회복되지 않음을 나 스스로 느끼며 나이 탓이려니 생각한다.

노인 요양병원에 봉사하러 가면 많은 어르신이 병상에 누워있다. 그들에겐 아무 희망이 없어 보이고 거의 마지막 단계에 온 것으로 보인다. 그러나 그들에게도 누울 수 있는 침대 하나는 있다. 병원 응급실에는 보호자용 침대가 없다. 보호자는 그저 의자에 앉아서 환자를 돌봐야 한다. 보호자에게는 간이침대가 있는 입원실로 옮겨가는 것이 가장 큰 바람이다. 교통사고가 나 다리를 다친 환자에게는 도움을 받지 않고 혼자서 한 걸음을 떼었을 때의 그 감격이 오래도록 남는다. 어머니들에겐 자기 자녀의 첫걸음 또한 소중한 추억의 한 페이지로 남아 있다. 그 한 걸음의 감격이 얼마나 큰지 걷고 뛰는 것이 마치 기적처럼 느껴진다. 그런데도 차츰 기쁨은 바래지고 그만 일상으로 돌아와 버린다. 언제 그랬냐는 듯 당연하게 받아들인다.

평생을 의자에 앉아서 잤다던 어느 스님 생각이 난다. 누워 잘 수가 있는데 스스로 마다하고 편안함을 거부한 그 스님이 참 대단하게 느껴진다. 그러나 눕고 싶어도 눕지 못하는 사람도 있다. 그동안 누렸던 수많은 평안함에 대한 고마움을 너무 쉽게 잊었다. 신은 참 공평하다는 생각이 든다. 있는 이도, 없는 이도 최소한 한 평의 누울 수 있는 공간을 마련해 주셨지 않은가. 인간이 세상을 떠나는 순간까지 누구에게나 편안함을 느낄 수 있는 공간을 허락하신 신께 또한 감사하다.

아직도 머리가 무겁고 심장은 두근거리지만, 소소한 행복을 상기시켜주려는 듯 피부에 감돌던 눅눅한 여름의 땀방울마저 서늘한 바람에 밀려가버린 이 가을! 쾌적하다.

(2017. 10. 31.)

모처럼의 외출

●

예나 지금이나 소설의 주제는 사랑하지만 가문의 수준이 맞지 않아 결혼에 이르지 못하는 애절한 사연을 다룬 내용들이 많다. 설령 결혼을 했다 하더라도 비극으로 끝나는 이야기를 주로 다룬다. 하기야 비슷한 가문에서 서로 만나 행복하게 잘 산다면 독자는 쉽게 싫증을 낼 것 같아 얽히고설킨 사연을 곁들이는지도 모르겠다.

오페라 〈라 트라비아타〉의 주제도 그런 내용이다. 출신이 불분명하고, 삶을 즐기는 남성들 사이에서 그들의 돈과 사랑으로 살아가던 사교계의 여왕 비올레타! 그녀는 술과 담배 때문에 그만 병이 들고 만다. 이를 안타깝게 지켜보던 부유한 집안의 청년 알프레도는 그녀에게 사랑을 고백한다. 비올레타는 불가능한 사랑일 줄 알면서도 그를 받아들인다. 그러나 집안이 부자이지 무일푼인 알프레도는 비올레타에게 기대어 사는 무능력한 철부지 청년일 뿐이었다. 비올레타는 자신의 재산과 패물을 팔아 상류사회의 생활을 이어나간다. 결국 폐병이 악화된 비올레타 앞에 알프레도의 아버지가 나타나 자신의 두 딸 혼사에 방해가 된다며 헤어질 것을 부탁한다. 비올레타(춘희)는 알프레도에게 결별을 고하고, 오해 속에 떠나간다. 알프레도의 아버지는 그동안 비올레타가 모든 생활을 꾸려 왔었다는 사실을 알고 진실된 사랑을 인정하지만 결국 여주인공은 죽음을 맞이한다.

베르디는 일명 〈춘희(동백 아가씨)〉 라고 하는 알렉산드르 뒤마 피스 원작 소설의 연극을 보고 큰 감명을 받는다. 베르디는 실제로 부인과 사별하고 소프라노 가수와 동거생활을 하고 있어 자신과 비슷한 처지의 주인공들에게 특별한 애정을 갖고 작곡을 한다. 베르디는 제목을 〈라 트라비아타('길을 잘못 들어선 여인'이라는 이탈리아어)〉로 바꾸고 무대에 올렸다. 첫 공연은 실패였다. 가수가 감기가 들어 목이 쉬고, 여주인공은 가련한 여인의 역할에 도움이 안 되는 뚱뚱한 여인이었기 때문이다. 더구나 당시 체면을 중시하는 타락한 부르주아의 정곡을 찌르는 내용이어서 호응을 얻지 못했다. 그 뒤 가치관이 변한 현대에 이르기까지 베르디의 〈라 트라비아타〉는 〈아이다〉 나 〈오델로〉 보다도 베르디의 대표작이 될 정도로 인기가 높다고 한다.

올해로 베르디 탄생 200주년을 맞아. 전라북도의 음악가들이 큰 잔치를 마련했다. 극중 무도회장면에 13명의 발레단원, 주인공을 포함한 60여 명의 합창단원이 등장했으니 규모 면에서도 대단한 숫자였다. 지방이라는 취약점을 역이용하여 오히려 지방이어서 더 많이 참여한 것 같았다. 혼신의 힘을 다하여 제작한 작품이라는 것을 한 눈에 알 수 있었다.

사실 나는 뮤지컬은 몇 번 보았지만, 오페라는 전곡을 감상할 기회가 없었다. 뮤지컬은 그 역동적인 힘 때문에 저절로 흥이 나고 빠져들게 하는 묘미가 있다. 그와 함께 이 오페라는 시대적 배경 때문인지 의상도 화려하고 오케스트라의 음악을 함께 감상할 수 있어 일거양득의 효과가 있었다. 성악가들에게 연기와 노래 실력을 함께 요구하는, 그야말로 종합예술이라는 느낌이 강하게 전달되었다. 저들은 이 무대를 위해 여름휴가도 반납하고 땀과 씨름하였으리라. 오죽하면 비올레타 역을 맡은 성악과 교수가 지도하고 제작하고 연기까지 하느라 몸살이 났겠는가?

지난 1월부터 나는 전주 동산촌의 한 요양병원에 봉사활동을 다니고 있다. 그 병원 이사장의 부인이 성악과 교수여서 〈라 트라비아타〉 오페라를 제작하여 소리문화의 전당으로 초대하였다. 매주 자신의 병원 환자들을 위해 봉사하는 '선사모' 회원들에 대한 고마움의 표현이었다. 우리는 따뜻한 그 마음이 고마워서 꼭 참석하기로 했다. 나는 음악에 관심이 없는 남편 대신 친구와 함께 참석했다. 연주회라면 국립합창단이나 발레단 정도를 보아야 후회도 없고 시간이 아깝지 않다는 나만의 고정관념이 있었다. 항상 바쁘게 살다보니 지방에서 기획하는 연주회까지 다 감상할 수 없어서였다.

이번 〈라 트라비아타〉 오페라는 나의 어줍잖은 고정관념을 깨고 시작부터 내 마음을 사로잡았다. 웅장하게 열려지는 무대와 오케스트라단원들이 서곡부터 관중을 압도하였다. 음악은 바이올린 하나만 있어도 실내 분위기를 품위 있게 바꾸는 매력이 있다. 하물며 몇 십 명이 함께 하는 오케스트라는 소리문화의 전당을 감동으로 가득 채웠다.

음악 감상을 하고 있노라니 악단 속에 딸이 있는 것 같아 더욱 정감을 느꼈다. 바이올린을 전공한 딸도 미국에 가기 전엔 심포니에서 저렇게 연주를 하고 다녔었다. 지금은 두 아이 속에 파묻혀 악기 가방을 들고 가는 사람만 보아도 부럽다던 딸을 생각하니 갑자기 가슴이 뭉클했다.

자그마한 봉사를 한 것뿐인데 생각지도 않은 큰 선물을 받아서 마치 보물을 캔 것 같은 기쁨을 누렸다. 우리 고장 전주가 국악과 함께 이런 고전음악도 더욱 발전하여 예향전주의 이름을 더 빛내주었으면 하는 마음이다. 작품을 제작한 L교수는 물론 지휘자와 수고한 모든 단원들에게 감사의 마음을 보내고 싶다.

친구와 나는 다음해를 기약하며 두 시간의 행복에 젖어 뿌듯했다. 모처럼의 외출이 우리의 마음속 깊은 곳에 있는 예술에 대한 불씨를 발견하는 계기가 되어 더욱 뜻이 깊었다.

(2013. 9. 8. 오페라 〈라 트라비아타〉 를 보고.)

* 베르디 200주년 기념 전라북도 오페라단 연합공연 오페라 〈라 트라비아타〉 안내책자 참조.

* 선사모: 길에서 강도 만난 사람을 구해준 사마리아인(성경상의 인물)을 본받자는 뜻의 '선한 사마리아인의 모임'을 줄여 '선사모'라 칭하고 이웃 사랑을 실천하고자 하는 희년교회의 봉사팀.

봉사의 기쁨

●

지난겨울, 봉사하러 캄보디아에 갔을 때였다. 물도 전기도 없는 그들에게 교회에서 태양광과 펌프를 설치해 주고 왔다. 그러나 아직도 마음은 후련하지 않다. 자신의 처지가 얼마나 열악한지 가늠하지도 못한 채 또랑또랑한 눈망울만 굴리고 있는 그들의 눈빛이 어른거려서다.

내가 다니는 교회에서는 내년 겨울 캄보디아 의료봉사를 계획하고 있다. 그땐 나도 뭔가 그들에게 도움이 되고 싶다. 그리하여 생각한 것이 이·미용봉사였다. 물론 교사 시절 미술교육에 전문성을 발휘하여 어린이들에게 미술 지도를 했지만, 그곳의 여건은 그리 쉽지 않았다. 단기간은 물론 장기적으로 체류했을 때 미술교육과 함께 이·미용기술을 배우면 좀 더 도움이 될 것 같았다. 같이 봉사했던 교우가 권해 2월부터 봉사대를 따라다니며 기술을 익히고 있다.

서둘러 아침 식사를 마치고 사무실로 갔다. 사무실은 이미 십여 명이 넘는 봉사대원들로 북적이고 있었다. 한쪽 다리를 잃은 역경을 딛고 이발 기술로 35년을 봉사하신 회장님과 밤새 근무를 마치고 곧장 봉사대에 참여한 경찰관도 있었다. 쉬는 날 하루마저 봉사하는 미용실 원장님들, 질 좋은 봉사를 하고 싶어 연마하는 미용 준비생들도 있었다. 나처럼 의욕만 가지고 참여한 회원들, 이유는 저마다 다르지만 그들의 마음 안에는 사랑이 있었다. 계획을 세워 한 달간 매일 전주 시내와 근교 요양병원을 순례했다. 오전 한나절 봉사하고 병원에서 제공하는 식사를 마치고 집으로 돌아왔다.

처음에는 관찰단계다. 전문인들의 이 미용기술을 관찰하기도 쉽지 않다. 더구나 얼마 전 백내장 수술을 한 나는 주의 깊게 관찰한 탓인지 오후에는 피곤하여 아무것도 할 수 없었다. 눈을 쉬어 주어야만 했다. 며칠 지나 처음 이발 기구를 잡는 날, 익숙한 회원이 내 손을 잡고 머리를 깎아 주었다. 손은 떨리고 나도 모르게 힘을 줬다. 선배가 손에 힘을 빼라고 주의를 주었다. 드디어 내가 처음으로 어르신의 머리를 손질하게 되었다. 순간적으로 가위가 내 손을 스쳤다. 살짝 닿았을 뿐인데 피가 났다. 참, 이발사 체면이 말이 아니었다. 어르신들은 내가 미용실 원장쯤으로 알고 계실 텐데 손을 다치고 말았으니. 응급처치를 하고 어르신께 양해를 구했다.

"제가 배운 지 얼마 되지 않아 능숙하지 못하지만, 잘하는 분이 옆에 계시니 염려하지 마세요."

병원 측 직원들은 어르신들의 머리를 짧게 자르라고 했다. 하지만 정작 어르신들은 자신만의 스타일이 있는지 짧게 자르면 남자 같다고 그렇게 깎지 말라고 하셨다. '그렇지. 저분들도 젊은 시절이 있었지.' 측은한 마음이 들었다. 내가 깎아 놓은 머리를 미용실 원장 봉사자가 다시 손질해 주었다. 내년에 캄보디아 어린이들의 머리를 자신 있게 손질하는 모습을 기대하며 집에서도 가위질 연습을 한다.

매주 토요일 동산촌의 요양병원에서 어르신들께 예배와 간식 드리기, 말동무 해드리기 봉사를 한다. 이발 봉사에 비하면 그나마 쉬운 봉사였다. 시간과 돈만 내면 되기 때문이다. 이발 봉사는 어르신들의 머리를 직접 만져야 하고 자칫 머리카락이라도 들어가면 안 되기 때문에 상당한 주의를 기울여야 한다. 이발가방도 머리카락이 집안에 따라 들어오는 것을 막으려고 아예 차에 넣고 다닌다. 가끔 기술을 잘 배워오라는 어르신들의 핀잔도 듣는다. 손가락에는 영광의 상처도 세 개나 났다. 어느 지인은 그런 어려운 일은 잘하는 사람에게 맡기지 뭣 하러 배우느냐고도 했다. 어느 봉사자는 내가 미용실을 개원하려는 줄 알고 뒤늦게 왜 이걸 시작했는지 묻기도 한다. 봉사하려 한다는 내 대답에 '밥 먹고 참 할 일 없다.'는 듯 묘한 미소를 짓는다. 내가 생각해도 이 나이에 내가 왜 이 일에 새롭게 도전하는지 알 수 없다.

며칠 전 소양의 'ㅁ 병원'에서의 일이다. 전날 잠을 설쳐서 아침에 일찍 나가는 것이 힘들었지만, 하나님은 5명의 환자를 예비해 놓으셨다. 전문 이발사의 도움 없이 내 실력으로 머리를 깎고 나니 이젠 자신감이 생겼다. 그동안엔 많이 깎아보았댔자 두세 명 정도였다. 서로 먼저 깎으려고 기대하고 오는 그들. 그런 중에도 나의 봉사를 받은 사람이 "언니, 머리 깎아 줘서 고마워요."라고 했다. 아직 실력도 부족한데 그런 말을 듣는 것이 미안하기도 했지만, 나도 모르게 기분이 좋고 더욱 의욕이 샘솟았다. 저들이 나를 믿는 만큼 기대에 미칠 수 있도록 노력해야겠다. 힘들어도 뿌듯한 마음이 생긴다. 바로 이것이 봉사의 기쁨이 아닐까? 지금은 기술을 익힐 욕심으로 자주 참여하지만 익숙해지더라도 최소한 일주일에 한 번씩은 고정적으로 봉사의 기쁨을 맛보고 싶다.

헤브론에 핀 사랑의 꽃

●

해님은 아직 일어나지도 않았는데,
기대하며 모여드는 허핍한 눈동자들
새벽부터 몇 십 리 길 달려왔을까?
허정거리는 발짓으로…….
발그레 얼굴 내미는 해님.
앞마당에 빼곡히 들어찬 수십 명의 사람, 사람들.

— 〈헤브론의 아침〉 윤효숙

지난해 캄보디아에 선교를 다녀온 뒤, 너무 힘들어 다시는 가지 않겠다고 다짐했었다. 하지만 이번에는 선교위원장이란 책임으로 또 그 땅에 갔다. 난 그 이유 말고도 나름대로 이발 기술을 배워 다시 가려고 준비했었다. 아기를 낳는 순간 산고의 괴로움을 잊어

버리고 다시 낳는 아낙네처럼 내 마음은 어느새 그곳으로 달려가곤 했다.

캄보디아의 수도 프놈펜에 '헤브론'이라는 병원이 있다. 미국의 교회들이 세운 전주 예수병원처럼, 한국의 교회들이 헤브론 병원을 세웠다. 병원 벽면에는 전국의 교인들이 힘을 모아 세운 것을 기념하는 명패가 붙어있었다. 병원 관계자는 이번에 심장수술기기를 새로 들여왔다고 소개했다. 여기서 수술하기 어려운 환자는 서울의 병원들과 연계하여 수술해준다고 했다. 간호사들은 현지인들을 교육시켜 수급하고 의사들은 한국서 은퇴한 분들이나 봉사자들이 대부분이었다. 그들의 수고가 있어 병원비도 규정을 정해 무료나 저가로 운영하고 있었다. 병원에서는 간호학교와 기숙사를 위한 새로운 대지를 마련해 건축을 준비하고 있었다.

병원 진찰이 시작되기도 전에 주민들은 새벽부터 먼 거리에서 모여든다. 도착한 순서대로 진료해주어 부지런을 내지 않을 수 없으리라. 우리 팀도 그런 그들을 만나기 위해 새벽 5시 반부터 준비하고 병원으로 갔다. 정상 진료하기에 앞서 모인 그들에게 우리는 팬터마임과 몸 찬양을 준비했다. 앞마당엔 무대 형식으로 작은 단이 있어 한국에서 온 팀들이 자주 이런 시간을 만들어 주는 듯했다. 일용할 양식 문제도 해결하지 못한 그들에게는 예술이란 엄두도 낼 수 없는 분야이다. 그래서 기회가 닿을 때마다 병원에서는 예능 공연을 마련해주었다.

낯선 이방인에 대한 호기심 어린 눈길, 자신의 고통 이외에는 별

관심이 없는 눈빛도 있었지만, 팬터마임에 대한 호응은 상상외로 높았다. 거기에 모인 이들에게 빵과 음료수를 주어 자그마한 사랑을 나누었다. 한국인들은 캄보디아 하면 씨앰릿의 앙코르와트를 생각할 만큼 관광지에서 "엄마 1달러, 언니 1달러." 하며 구걸하는 모습에 익숙해져 있다. 그러나 관광지가 아닌 이곳에는 순박하고 천진한 그들만이 있을 뿐이었다.

헤브론 병원에서 뜻하지 않게 전주 사람을 만났다. 다름 아닌 우리 교인과 의과대학 동창인 J 선교사이다. 그는 예수병원에서 내과 과장을 하다가 뜻한 바 있어 1년간 휴직하고 가족들과 함께 그곳에서 봉사하고 있었다. 캄보디아는 흙먼지가 많고 매연가스가 많아 그곳에 사는 것만으로도 선교라는 생각이 들 정도다. 하물며 수입이 넉넉한 의사 생활도 포기하고 1년을 헌신하고 있는 그를 볼 때 감동하지 않을 수 없었다.

미국 교인들은 한국에 병원을 지어줬다. 그러나 병원이 있다고 환자가 치료되는 것은 아니다. 당시 우리나라에는 의사들이 없었던 고로 미국인 의사들이 직접 와서 열악한 한국인을 돌봤던 것이 생각났다. 의술이 발달하여 의료관광이란 말이 나올 정도의 우리나라를 볼 때, 그들의 헌신과 사랑이 있었기에 가능한 것이 아니었을까. 비록 건물이 번듯하거나 화려하진 않았지만 그래도 이곳 프놈펜에선 종합병원에 속한다니, 이렇게 되기까지 수많은 헌신자의 수고가 있었으리라 짐작되었다.

'헤브론'이란 말은 이스라엘의 지명에서 따온 말로, 이스라엘 백성이 노예 생활에서 벗어나고자 이집트를 탈출하여 가나안 땅에 들어갔을 때 각 지파가 땅을 나누었다. 출애굽에서 공을 많이 세운 갈렙 장군은 좋은 땅을 다른 지파에 양보하고 험한 산지인 헤브론에 정착하였다. 이때 갈렙이 한 말 '이 산지를 내게 주소서'라는 찬양은 기독교인들에게 애창되고 있다. 이는 '모세가 나를 보내던 날과 같이 오늘도 내가 여전히 강건하니 내 힘이 그때나 지금이나 같아서 싸움이나 출입에 감당할 수 있으니……. 이 산지를 내게 주소서'(여호수아14:11~12)라는 성경 말씀에 곡을 붙였다.

당시 갈렙은 팔십오 세였지만 하나님만 의지하여 강한 이방 민족을 맞아 전쟁을 그치게 했다. 이런 헤브론 정신은 풍요롭지만 타락한 소돔보다 열악하나 하나님과 교통할 수 있는 헤브론을 선택한 한층 높은 신앙인의 자세를 나타내고 있다. 헤브론 병원은 척박한 땅 헤브론을 갈고 닦아 옥토로 변화시킨 개척 정신을 토대로 삼았다. 오늘날의 조급함과 허영심에 빠진 우리에게 때를 기다리며 작은 곳에서부터 소임을 다하여 하나님의 인간 사랑에 쓰임받고자 하는 뜻으로 이름을 지었다고 한다. 몇 년간의 노력 끝에 2010년 11월에 문을 연 헤브론 병원! 그곳에서 또 얼마나 많은 사랑의 샘물이 솟아날까.

단 일주일 있으면서도 그곳 생활이 불편했다고, 힘들어서 입술이 부르텄다고 고통을 호소하는 나에게 헤브론에 핀 사랑의 꽃은 또 하나의 씨앗으로 마음에 남겨졌다.

킬링필드가 리빙필드로

●

이 땅에 소망의 빛이 있을까? 잘못을 인정하기만 하면 바로 처형장의 이슬로 사라져야 하기에 결코 잘못을 인정하지 않으려는 사람들. 그래서 더 악랄한 방법으로 고문하여 잘못을 끌어내려는 공산군들. 과연 죽고 죽이는 인류의 역사는 언제까지 계속될 것인가.

캄보디아의 수도 프놈펜에 있는 '뚤 슬렝 박물관'은 원래 고등학교였다. 론놀 정부는 미국의 원조를 뒤에 업고 정치를 했으나 국민의 지지를 얻지 못했다. 베트남도 미국과 우리나라를 비롯한 많은 국가가 도움을 주었으나 실패한 것처럼 론놀 정부도 게릴라전을 벌였던 크메르루즈 군에 의해 무너졌다. 오랜 내전에 지친 캄보디아 국민은 크메르 군이 들어오자 이젠 좀 좋은 세상이 열리겠지 하는 기대감에 깃발을 들고 환영했다고 한다. 그러나 기쁨도 잠시 크메르루즈 군은 주민들을 피난시킨다는 명목으로 의사나 교수 기타 지식인, 부자 등을 모두 프놈펜에서 멀리 떨어진 외곽지대로 강제로 이동시켰다. 이 과정에서 굶어 죽는 사람과 병들어 죽는 사람이 많이 생겼다.

학교를 '21 보안대' 본부로 삼고 고문소와 감옥으로 개조시켰다. 폴 보트는 총리로 당선되어 1975년부터 1979년까지 4년 동안 200만 명이나 되는 캄보디아 지식인들을 모두 학살했다. 역사에 많은 독재자가 있었지만, 동족인 자기 민족을 그렇게 살해한 예는 없었지 싶다. 악명 높은 독재자 히틀러까지도 동족이 아닌 유대인들을 학살했지 않은가. 물론 우리도 6·25 전쟁의 비극은 있었다. 그러나 엄밀히 말하면 이념과 지역이 다른 전쟁이었다. 영화 〈킬링필드〉에서 살아남은 기자에 의해 낱낱이 밝혀져 알고 있었다. 그러나 실재 그 역사의 현장인 박물관에 갔을 때 큰 충격이 일었다. 사람이 그렇게까지 잔인할 수 있을까. 영화는 극히 일부였으리라.

높은 철봉에 사람을 매달아 놓고 그 아래 물 항아리를 놓아 물고문 한 흔적, 쇠고랑으로 사지를 묶고 손목을 가위로 자르는 그림을 그대로 그려놓아 몸서리치게 했다. 그 잔학상은 지면에 올리기조차 부끄럽다. 교실을 벽돌로 칸칸이 막아 감옥으로 사용한 현장을 그대로 보존하고 있었다. 아픈 과거를 모두 잊어버리고 싶었을 텐데 박물관으로 활용하고 있었다. 만행의 당사자 폴 보트는 도망가고 하수인들은 감옥에서 지금도 잘못을 인정하지 않고 재판을 받고 있다고 한다. 단 한 사람, 교도소장만이 자수하여 예수님을 믿고 감옥에서 죗값을 치르고 있다니 안타까운 노릇이다.

그런 아픔이 있었기에 캄보디아인들은 아직도 사람들을 쉽게 믿지 못한다. 그만큼 상처가 크다는 의미다. 사람들의 시신을 구덩이에 던져버려 그 시체가 썩어 거름이 되어 그곳의 풀만 유난히 푸르렀던 킬링필드! 이런 죽음의 땅에 서서히 서광이 비치기 시작했다. 우리나라의 많은 교회가 그들을 돕고 있다. 교회뿐만 아니라 불교국가인 이곳에 우리나라의 불교에서도 많은 관심을 두고 도움을 주고 있다. 우리가 간 날도 같은 비행기로 많은 동국대학교 학생들도 같이 입국했다. 또 우리나라에서도 기술지원을 하고 각 대학병원에서도 의료봉사를 많이 간다고 들었다.

중동지역 나라들은 종교 활동이 금지되어 있는데 이 나라는 아직 그것까지는 힘이 미치지 못하는지 교회를 짓고 적극적으로 신앙생활을 하고 있었다. 한 시간 반 걸리는 거리에서도 뚝뚝이를 타고 교회에 다니고 있었다. 기도도 얼마나 열심히 하는지 오히려 우리가 배워야 할 정도였다. 불교에서는 또 새벽마다 확성기에 대고 독경을 해서 잠을 설칠 지경이었다. 우리나라에서 70년대까지 교회의 새벽종과 음악 소리가 울릴 때를 연상시켰다. 공산당 관리의 부패지수가 높아 생활 수준이 세계에서 거의 하위에 머무는 이 나라도 일단 종교가 들어와서 점점 회복되리라 생각된다.

일본에서는 무슨 속셈인지 뜻하지 않게 소학교와 중학교를 지어주어 교복을 입고 학교에 다니는 학생들이 많았다. 산아제한이 없어 그런 학생들 말고도 길에는 많은 아이가 있었다. 전체 수업은 오전에 끝나고 오후에는 돈을 내고 방과 후 활동을 하는데 수업료를 내는 순서가 성적순이 된다는 말이 있어 웃음이 나왔다. 교사들도 20살 안팎의 앳된 처녀들이어서 학살의 후유증이 크다는 생각이 들었다.

일단 종교와 교육이 들어왔고, 치료기관이 들어오면 좀 더 나아지리라는 소망이 생겼다. 과거 우리나라에서도 미국 교회들이 후원하여 가난해서 교육받을 수 없는 인재들이 미국으로 유학해 훌륭하게 성장하여 국가에 이바지한 인물들이 많지 않았던가. 빚을 진 한국국민들과 교회들이 빚을 갚을 때가 온 것 같다. 아직은 암담하지만 장래 어떤 사람이 될지 모르는 초롱초롱한 눈망울들이 있는 한, 죽음의 땅 킬링필드가 생명의 땅 리빙필드로 바뀔 날이 있으리라.

무엇이 나의 마음을 그곳으로 달려가게 하는가?

뿌연 흙먼지 속에서 아이들의 눈동자만이 빛나고 있었다. 하나같이 쌍꺼풀진 긴 속눈썹의 아이들! 자기들과는 다른 사람들이 이런 시골에 무엇하러 왔나 하는 호기심을 감춘 채, 그저 환히 웃는 순진무구한 어린이들. 영어와 한국어, 캄보디아어, 기타 이름 모를 글씨들이 씌어있는 티셔츠를 입고 맨발로 뛰어다니는 아이들. 오토바이에 의자를 달아 열 명도 넘는 사람들을 태우고 다니는 '뚝뚝이'라는 것을 타고, 자리가 없으면 매달려 다녀도 끄떡없는 아이들. 뚝뚝이만 지나가도 어느새 길은 흙먼지로 하얗게 변해 버려 먼지와 더불어 사는 아이들. 그래도 한결같이 길가에 집을 지어 날마다 온몸에 먼지를 뒤집어써서 몸은 씻으나 마나, 신발은 신으나 마나 까만 때가 다닥다닥 붙어있는 아이들.

며칠 전 우리 교인들 22명과 함께 캄보디아에서 봉사활동을 하고 왔다. 나라가 가난하니 전봇대가 없어 암흑 속에 사는 농가에 태양광 시설을 하여 전기를 넣어 주었다. 물이 부족한 가정에는 펌프를 설치하여 물을 대어 주었다. 어느 가정은 화장실이 없어 화장실을 지어주기도 했다. 또 메마른 땅에 나무도 심어 주었다.

열악한 환경은 전쟁이 끝난 우리네 50년대의 모습과 흡사했다. 하지만 부지런한 우리와는 비교할 수가 없었다. 나의 어린 시절에도 집에 수도장치가 없어 하교한 뒤 공동우물에 가서 항아리에 물을 길어다 놓는 일이 나의 몫이었다. 그러다 펌프 시설이 들어와 우리 집에도 펌프 시설을 했었다. 펌프를 놓던 날, 동네 사람들이 다 모여 "종을 하나 산 것보다 나아!" 하였다. 그땐 무슨 뜻인지 몰랐는데 물을 긷는 하인을 하나 둔 것보다 낫단 뜻이었다. 그런 시설을 하나 설치하는데 우리 돈으로 백만 원 정도 한다니 가난한 캄보디아에서는 생각할 수도 없는 큰돈이었다. 그래도 지붕만은 개량되어 집은 번듯한 집들이 많았다. 짐승이나 우기의 침수를 대비해서 1층에 기둥을 세우고 2층에 살림집을 짓는데 부엌은 일 층에 있었다. 아무리 좋은 집이라도 사방이 뚫어진 아궁이 두 개가 주방기기의 전부였다. 각각 알루미늄 함지박을 걸어 놓고 밥과 국을 끓이는 정도였다. 밥그릇은 평상 위에 늘어놓고 닭, 개, 소 등을 놓아먹여 그들과 자연스럽게 어울려 살고 있었다. 그러니 당연히 파리 떼가 많을 수밖에 없었다.

이제까지는 그래도 수도인 프놈펜에서 가까운 농촌 지역 면 소재지에 해당하는 곳의 형편이었다. 다음에 간 곳은 상황이 아주 심각했다. 우리나라의 난지도처럼 쓰레기매립장에 집을 짓고 사는 '깜퐁짬' 지역은 말할 수도 없는 형편이었다. 미국에서 살다가 미국 교회의 후원으로 70세 된 H 선교사가 유치원을 경영하고 있었다. 그녀는 매주 현지 유치원 교사들과 함께 두 개의 천막을 치고 남녀 구분하여 몸을 씻기고 예배와 간식을 준다고 했다. 그날은 간김에 우리가 그 일을 하기로 했다. 그중에 씻지 않으려고 떼를 쓰는 아이가 있어 머리만 감기는 소동도 있었다. 몇 년 있으면 재개발로 헐릴 형편이라 펌프 설치도 해줄 수 없어 안타까웠다. 청소년과 어른들의 몸 찬양과 바이올린 연주, 팬터마임, 설교 등 한 시간 남짓 동안 미동도 없이 집중하는 모습이 마치 스펀지에 물을 빨아들이는 것 같은 느낌이었다. 이들이 어디서 이런 문화공연을 접해봤겠는가? 그들의 눈빛은 어른이나 아이 할 것 없이 천진한 아이들의 모습이었다. 어른들도 모두 나와서 웃고 즐겼다.

전쟁이 끝나고 어둡고 가난했던 우리나라의 옛 모습이 떠올랐다. 미국의 교인들은 힘을 모아 우리나라에 병원과 학교를 지어주었다. 또한, 구호물자와 옥수수죽이나 빵은 우리에게 많은 도움이 되었다. 미군이 타고 가는 지프를 향해 "기브 미 더 초콜릿" 하면 그들은 초콜릿이나 껌들을 던져 주었다. 물론 미군들 때문에 양공주나 혼혈아 등 부정적인 면도 없지 않았다. 어찌 되었건 우리도 그런 아픈 시절이 있었다. 지금의 우리나라가 국민소득 2만 불 시대로 접어든 것은 어쩌면 도움을 받는 국민에서 도움을 주는 국민으로 살라는 거룩한 부담을 가져야 하지 않을까.

우리나라의 국력이 좋아져서 '코이카'라는 국제기술협력단을 파견하여 후진국을 도와주는 제도가 있다는 것을 알았다. 봉화 면장을 지냈다는 L 씨는 코이카 단원으로 와서 주민복지회관(일명 보건소)을 지어주었다. 그런데 건물만 있지 운영할 자금이 없어 염려하며 우리 교회에서 현지인 간호사 봉급과 약품 제공비로 일정액을 지원하여 의료선교를 하면 어떻겠냐고 제안했다. 자신은 7월에 귀국해야 하는데 그 이전에 빛을 보게 하고 싶은 마음에 두 번이나 부탁했다. 우리 교회에서는 건물을 사용할 수 있고 현판도 붙일 수 있다고 했다. 교회에서 회의를 거쳐 생각해 볼 일이다 싶었다. 자신들이 암흑 속에 살고 있으면서도 암흑인 줄도 모르는 캄보디아인들. 저들에게 무엇을 어떻게 도와주어야만 좀 더 나은 환경이 될 수 있을까. 예수님을 알려 영혼을 살리고 학교와 의료선교로 도우면 될까. 예전의 우리나라가 그랬듯이. 그러면 그들도 우리처럼 잘살게 될까. 생각은 꼬리를 물고 이어졌다.

여행은 많이 해 보았어도 선교 경험이 없어 고생할 각오로 참여했지만, 과연 얼마나 도움이 되었는지 모르겠다. 이발과 미용 기술이라도 배워서 실제로 도움이 될 수 있는 꼭 필요한 사람이 되어야겠다고 다짐도 했다. 그러나 강행군이 계속되자 체력이 달려 다음에도 참여할 수 있을지 점점 자신이 없어졌다. 지금 나의 마음은 아무것도 생각할 수 없고 오직 그들 생각에 사로잡혀 있다. 어느새 '다음에는 아이들과 어른들 옷가지도 좀 챙겨 가고, 학용품도 더 많이 가져가고.' 흙먼지 속에서 뒹굴었으면서도 어느새 내 마음은 벌써 캄보디아에 가 있다. 무엇이 내 마음을 뜨겁게 달구고 또 그곳으로 달려가게 하는 것일까.

제2부 배려

윤효숙 作, 하모니, 한국 채색화, 57㎝×45㎝

평소에도 성격이 모나지 않고 후한 덕을 베푸는 사람이 있다.
그런 사람을 우리는 인심이 좋은 사람이라고 말한다.

아라 · 리요

●

부산에 예쁘고 듬쑥한 처자가 있었다. 용모가 반듯하고 행동이 지나침이 없어 누구나 한 번 보면 깊은 인상을 받는 처녀였다. 결혼할 나이가 되어 지인의 소개로 전주에서 사업하는 총각을 만났다. 총각이 처녀를 보자 첫눈에 반한 것은 어쩌면 당연했다. 여자인 내가 보기에도 한눈에 쏙 들어오는 아름다운 여자여서다.

전주 총각은 몇 시간 걸리는 거리이지만 멀다 않고 또다시 처녀를 만나러 갔다. 두 번의 만남 뒤에, 이번에는 처녀가 만나러 오겠다고 했다. 처녀도 총각의 듬직하고 넉넉한 그의 품성이 마음에 들었다. 드디어 처녀가 전주에 오기로 한 날, 시간이 어떻게 더디 가는지 총각은 시계를 몇 번이나 보았는지 모른다.

처녀와 총각에게는 데이트하는 하루가 짧기만 했다. 이제는 떠나야 할 시간! 처녀가 한 통의 편지를 내밀었다. 자기가 떠난 뒤에 읽어보라면서……. 그 편지에는 '저는 기독교인이어서 하나님을 믿고 함께 신앙생활을 할 수 있는 사람과 만나고 싶다.'라고 쓰여 있었다. 총각은 난감했다. '진작 말했으면 그렇게 멀리 오가면서 고생을 안 해도 됐을 텐데.'라는 생각도 들었지만 때는 늦었다. 총각의 마음속엔 이미 처녀가 너무 깊숙이 들어와 있었다.

교회에서는 새로운 신자가 들어오면 '확신반'이라는 교육을 한다. 교직에 몸담았던 경험을 살려 내가 교육을 맡았다. 그날도 총각이 확신반 교육을 받으러 왔다. 한 주도 빠짐없이 참석하는 진지한 모습이 좋았다. 10주 과정의 '알파 코스'라는 프로그램도 성실히 수료했다. 신앙생활 끝에 세례까지 받았다.

11월의 어느 날, 총각은 부산의 그 예쁜 처자와 결혼하겠다고 목사님께 인사를 드리러 왔다. 그동안 신앙생활 하는 모습을 예사롭게 보지 않았던 나도 덩달아 기뻤다. 처녀와 총각은 결혼한 뒤, 여자는 여자대로 교회에서 청소년부 교사로 봉사하고, 남자는 남자대로 교회 카페에서 바리스타로 봉사하며 아름다운 가정을 이루어 나갔다.

행복한 그들에게도 한 가지 문제가 있었다. 때늦은 나이여서 빨리 자녀를 갖고 싶은 소망이 이루어지지 않아서였다. 시험관 시술도 몇 번 했다. 나도 이왕에 아기를 주시려면 쌍둥이를 주시라고 새벽마다 기도했다. 2년 동안 기도했는데도 하나님은 무슨 생각이 있으신지 아무 응답이 없었다.

어느 날 목사님이 'P 선생이 아기를 어답터 했다.'고 했다. 그것도 쌍둥이를! 나는 시험관 아기가 성공한 줄 알고 덩실거리며 기뻐했다. 그동안 기도한 것이 이루어진 것 같아서 내 일처럼 더 벅찼다. 목사님은 미국 생활을 오래 해서 때로는 영어를 쓸 때가 있어 입양이란 말을 어답터 했다고 말씀하셨다. 순간 나는 머리를 한 대 얻어맞은 것 같은 충격이 일었다. 충격은 곧 감동으로 이어졌다.

서구에서는 장애아나 전혀 생김새가 다른 동양의 아이들을 데려다가 훌륭하게 양육하여 고국의 친부모를 찾게 하는 경우를 종종 본다. 유명한 배우 안젤리나 졸리와 브래드 피드 부부는 둘 사이에 아들과 쌍둥이 남매가 있음에도 캄보디아, 베트남, 에디오피아 태생의 어린아이를 입양했다. 졸리는 며칠 전, 유엔난민기구 특사로 이라크 북부 다후크 난민캠프에서 연설하면서 시리아의 난민 아기 무싸를 또 입양하겠다고 했다.

십수 년 전에, 나도 보육원에 맡겨진 아기를 데려다가 건전하게 양육시키는 것이 가장 큰 이웃 사랑이라는 생각했었다. 그러던 중 마침 그런 기회가 있어 친정어머니께 상의했더니 어머니가 '내가 조금만 젊었어도 길러 주겠는데 나이가 들어서 어쩔 수가 없다.'고 말씀하셨다. 당시엔 나도 직장생활을 했을 때라 어린이집에 맡겨보려는 상담도 했는데 한창 들어가는 딸들 학비 때문에 그만 꿈을 접어야 했다. 사실 입양도 나이가 든 부모에게는 해주지 않으니 마음속에만 담아두었다.

그런 일이 가장 좋은 일이라는 생각은 지금도 변함이 없는데 이 부부의 쌍둥이 입양은 얼마나 큰 감동을 주었겠는가. 더구나 서구

식으로 당당히 입양했다고 말하면서 엄마 아빠가 나란히 아기를 한 명씩 안고 나타났을 때, 우리 교회에서는 그보다 더 좋은 경사가 없었다.

이전에 우리나라에서는 입양 사실을 숨기면서 자신들의 아기로 양육하는 가정들이 있었다. 그러나 2011년 입양특례법이 생긴 뒤부터는 이 부부처럼 입양을 자연스럽게 공개하면서 양육하는 가정이 많아졌다고 한다. 법적 절차를 거쳐 친자로 삼고 정성을 다해 양육하는 이 부부가 참 귀감이 되고 있다.

이번 입양으로 다른 교인들도 자기도 그렇게 하고 싶다는 사람이 있다고 하니 좋은 영향력을 끼치는 이 부부가 참 보배라고 생각되었다. 아울러 우리나라도 이런 젊은이들이 많이 생겨서 우리 아기들이 해외로 입양되는 것보다 우리가 책임졌으면 하는 마음이다. 작은 불씨가 큰불이 되는 것처럼 이런 소식들이 더 멀리 퍼져 또 다른 제2, 제3의 입양 부모들이 많이 생겼으면 한다.

이 글을 쓰기 전에 그 부부에게 써도 되겠냐고 양해를 구했더니 얼마든지 좋다고 스스럼없이 말하는 이들 부부가 참 우러러 보였다. 교회에 데리고 가면 교인들이 잘 돌봐 준다며 오히려 기뻐하는 모습을 보고 하나님은 뭐라 하실까? 이름도 '아라·리요(가명)'라고 지은 이 부모들을 하나님이 더 예뻐하실 것 같다. 엄마 눈을 닮아 초롱초롱한 눈망울을 굴리던 아라와 리요가 부디 엄마와 아빠처럼 바르고 곧게 자라서 가정과 세상을 빛내는 훌륭한 대한의 청년으로 자라길 바란다.

이야기는 여기서 끝난 것이 아니다. '아라·리요'가 유치원에 다닐 무렵, 이 부부가 또 갓난아기를 안고 왔다. 이번엔 딸이다. 딸을 입양하려면 일 년을 기다려야 한단다. 딸이 더 좋다는 말은 입양 세계에서도 예외는 아닌가 보다. 이렇게 세 아이를 앞세우고 교회에 들어서는 이 가족을 보면 내 마음도 저절로 부자가 된다.

인심

●

평소에도 성격이 모나지 않고 후한 덕을 베푸는 사람이 있다. 그런 사람을 우리는 인심이 좋은 사람이라고 말한다. 코로나19 때문에 뒤숭숭하고 사람이 사람을 멀리 하고 못 믿는 세상이 되었다. 이럴 때는 문명이 재앙이요 발달된 도시가 오히려 질병을 퍼트리는 온상이 되고 있다.

이 지구의 역사는 수많은 실패와 성공, 사건들로 좀 더 다듬어지고 정화되면서도 점점 더 훼손되고 파괴되었다. 자연은 그대로 창조질서를 유지하고 있지만 유독 우리 인간들이 가는 곳은 흔적이 남는다. 점점 오염되고 나빠진다. 좀 더 편리하고 즐거워지기 위해 문명의 이기를 만든다. 그러나 즐거움의 결과는 혹독하다. 대가가 너무 커서 우리에게 고치지 못할 질병으로 다가온다. 너나 할 것 없이 인간이라면 똑같이 감당해야 할 무거운 짐 덩이를 이고 갈 수밖에 없다.

한 번도 듣지도 보지도 못한 '코로나19'라는 바이러스가 우리의 생활 모든 것을 정지시켰다. 종교 행사, 학교 수업, 개인 활동 이 모든 것은 눈에 보이지 않는 코로나의 눈치를 보아야만 한다. 이제까지 그런 일이 한 번이라도 있었던가? 항상 사람들로 북적거리던 로마 베드로 성당은 텅 빈 채 교황 혼자서 미사를 드려야만 했다. 교황의 '눈물의 미사'는 많은 사람의 마음을 뭉클하게 했다. 이런 와중에서도 일부 개신교의 교회들은 모여서 예배하는 것만이 하나님의 뜻인 양 지금도 사회의 물의를 빚고 있다. 하나님은 더 이상 이런 예배를 받고 싶지 않으신가 보다. 코로나를 통해 흩으셨다. '저희가 주님의 이름으로 무엇도 했고, 무엇도 했고…….' 하나님께서 말씀하셨다. '나는 도무지 너희를 모른다.'고.

대략 500년 만에 한 번씩 종교개혁이 일어난다는 말이 있다. 루터의 종교개혁으로 기독교가 생긴지 500년이 조금 지났다. 이번에는 모든 종교를 향한 하나님의 뜻이 아닌지 조심스럽게 나를 반성해본다. 모여서 예배는 드리지만 실생활은 믿지 않는 사람과 조금도 다름이 없는 생활, 좀 더 나눌 수 있었는데도 나와 내 가족만을 생각하는 이기심 때문에 이웃에게 야박하게 굴지 않았는지.

지난 2월에 미국에 사는 딸네 집에 일이 있어 갑자기 미국에 갔다. 원래 들어오기로 한 날에 한참 기승을 부리던 한국의 코로나 때문에 두 주일을 미뤘다. 나의 얄팍한 이기심이 발동했다. 그땐 미국이 좀 안전했던 까닭에 항공사가 마비될 정도의 어려움을 뚫고 한국행을 미룬 결과는 더 많은 어려움으로 다가왔다. 미국이 난리가 나고 오히려 한국은 안전해졌다. 한국이 이렇게 된 데는 무조건 자가 격리를 시키고 철통 방역을 해서다. 의료진들과 군인과 경찰, 지자체 공무원의 수고로 점점 질병이 잡혀 가고 있어서 우리나라가 빨리 회복되리라 믿는다.

전라북도의 입국자들을 일단 보균자로 보고 일사불란하게 사회적 거리를 유지하여 리무진에 탑승시키고 전주 월드컵경기장에 내려놓는다. 도 전역에 있는 각 지자체에서는 자기 지역의 입국자들을 숫자에 따라 밴이나 택시에 태워 데려간다. 한밤중이나 새벽, 시간에 관계 없이 하루에도 몇 차례 이런 일이 일어나니 수고가 이만저만이 아닐 것이다. 정해진 숙소에서 하룻밤을 재운 뒤 보건소에서 진단 검사를 받았다. 다행히 확진자가 아니어서 집에서 격리하고 있는 지금 이 시간, 나는 역사의 한 페이지를 몸으로 쓰고 있다.

미국은 검사비만 해도 몇 십만 원이 들고 치료비로 기백만 원이 든다. 그래서 검사도 받지 못하고 그대로 죽어가는 사람이 많다고 한다. 결국 죽어가는 사람은 의료보험이 열악한 흑인과 히스패닉이 많다고 한다. 중세의 페스트 때문에 하층 계급의 사람들이 많이 죽어갔듯이. 우리나라 지자체에서 고생했다고 라면, 소독제, 마스크, 온도계 등 세심하게 챙겨서 집 앞까지 안전하게 데려다줬다. 지자체와 계약을 맺은 택시 기사님은 다른 지역은 음성 판정 나오면 알아서 집에 가는데 전주에서만 집까지 데려다 준다며 전주 사랑이 대단했다.

세계의 여러 나라에서 한국인을 입국시키지 않겠다고 하던 때가 불과 두 달 전 일인데 지금은 한국이 선진국이라고 본받아야 한다는 말들을 많이 한다. 지인이 내가 나가지 못해 갑갑할 거라고 과일과 빵 간식거리를 한 아름 사다 집 앞에 놓고 갔다. 또 다른 지인은 고기 먹고 힘내라고 고기를 보내기도 했다. 어제도 시청에서는 각종 유기농 채소와 과일 등 꼼꼼하게 챙겨 한 박스를 배달시켜 줬다. 평소에 내가 외출 지향적이라고 불평하던 남편도 어쩔 수 없는 제약된 환경 속에서 혼자 있는 내게 오롯한 관심을 보여준다. 이것저것 주문하는 즉시 대령이다.

나라와 지인과 남편의 후한 인심이 한데 어우러져 어려움이 어려움으로 다가오지 않고 견딜 만해서 감사하다. 오늘도 벌써 반이 지나갔다. 앞으로 2일만 지나면 자유의 몸이다.

머나먼 모정

●

뾰족한 입으로 온몸에 감긴 막을 쪼아보았다. 얇고 투명한 막은 잡았다 싶으면 멀리 도망가 버려 제대로 겨냥할 수가 없었다. 그런대로 엄마의 수액을 먹으며 수차례 반복해 드디어 탈출에 성공했다. 세상에 나오기만 하면 자유로워 좋을 줄 알았는데 복병이 도사리고 있었다. 독수리의 매서운 눈이었다. 가까스로 빠져 나왔다. 세상은 넓고 위험은 내 곁에 바짝 붙어 시시때때로 나를 노리고 있음을 깨달았다. 그러면서도 살랑거리는 물풀 사이로 헤엄쳐 다니며 이끼도 뜯어먹고 지천에 깔린 플랑크톤을 먹으며 외로움을 달랬다.

어느덧 내 몸은 통통하게 살이 올랐고 햇빛에 비친 은빛 비늘과 옆선은 제법 물고기다운 위용을 드러냈다. 이때쯤 문제가 터졌다. 내 입맛이 점점 변해버린 것이다. 맛있게 마셨던 물이 비릿하고 싱겁게 느껴졌다. 나도 모르게 짭조름한 자극적인 맛을 찾아 특유의 후각에 힘입어 '바다'라는 신세계로 끌려갔다. 주위에서 아무리 말려도 좀 더 넓은 세상으로 나가고 싶은 내 욕망을 막지는 못했다. 미지의 세계는 권태에서 탈피하고픈 내 호기심을 건드렸다. 도전하고 싶은 내 마음은 모든 것을 극복해보겠다는 의지로 변했다.

우여곡절 끝에 드넓은 바다로 나와 답답함에서 벗어났다. 햇빛 사이로 반짝이는 강물의 수초도 아름다웠는데 울긋불긋, 기기묘묘한 산호초와는 비교도 안 되었다. 나처럼 생긴 고기도 많았지만 모양과 무늬와 빛깔도 가지각색인 물고기를 보자 정신을 차릴 수 없었다. 갈색 산호초 뒤에 숨은 곰치는 어느새 호피무늬 외투를 입은 멋쟁이로 변했다. 산호초의 화려한 모습을 보다가 바로 옆에서 나를 노리고 있는 붉은 물고기를 미처 보지 못했다. 겨우 위기를 모면하고 놀란 가슴을 쓸어내렸다. 융단을 구겨놓은 듯 부드러운 산호초 사이로 날개 대신 양팔을 펄럭이며 유유히 헤엄치는 가오리들도 처음 보는 아름다움이었다. 단단한 등껍질을 자랑하며 거북이 가족들이 헤엄쳐 다닐 때면 지금까지 혼자서 꿋꿋하게 살아왔던 나도 쓸쓸함에 떨었다. 몇백 년 세월을 버텨온 거북이는 진정 바닷속의 왕이라 할만했다. 정말 눈이 휘둥그레진 것은 이제까지 한 번도 본 적이 없는 집채 만한 물고기들이었다. 그들은 나 같은 것은 상대도 안된다는 듯이 거들떠보지도 않았다.

바닷속 생활에서 가장 어려웠던 것은 보암직하고 먹음직한 것이 있어 꿀꺽 삼켰더니 그만 배탈이 난 것이었다. 바닷속은 볼 것도 많고 즐길 것도 많지만 엄마 없이 스스로 헤쳐 나온 나에겐 크나큰 모험이었다. 느닷없이 나타나는 적들에게 잡아먹히지 않으려면 나도 더 날렵해져야 했다. 그나마 내 또래의 친구들이 있어서 견딜 수가 있었다. 바닷속 생활에 익숙해지고 친구들과도 낯이 익을 무렵 내 몸에 변화가 생겼다. 내 몸이 더욱 예뻐지고 부드러워졌다. 옆선의 색깔도 달라졌다. 마음에 변화도 생겼다. 늘 내 옆을 따라다니며 내가 위험할 때마다 지켜주던 한 물고기와의 만남이 기다려지기 시작했다. 어릴 적 친구들도 보고 싶었다. 가족의 냄새라도 맡고 싶었다. '우리도 가족을 만들자' 누구라도 입 밖으로 말하는 이는 없었지만 우리의 눈빛은 하나였다.

서로의 속내를 확인한 우리는 가족을 만들기 위한 장기 계획을 세웠다. 우리 같은 연약한 물고기들은 바닷속에서 집을 마련하고 새끼를 기르기에는 바다는 너무 넓었다. '고향…….' 우리의 뇌리에 똑같이 스치는 단어였다.

'그래. 까마득히 잊고 살았다. 그저 먹고살기에만 바빠서 찾아갈 생각도 하지 못했구나. 우리의 2세들이 살아가기에는 아무래도 생존경쟁이 심한 이곳보다는 파도도 없고 잔잔한 강가가 적당할 거야.'

생각이 여기에 미치자 우리는 고향으로 돌아가기 위한 대 장정에 들어갔다. 같은 마음인 우리 친구들도 하나 둘 모이기 시작했다.

어렸을 적 호기심에 취해 돌돌돌 흘러오는 시냇물에 몸을 맡기고 여행하는 듯 내려오던 강물이 아니었다. 내려오다 쉬어갔던 바위가 이렇게 큰 장애물인지 올라가면서 뼈저리게 느꼈다. 짠 바닷물에 견디기 위해 단단해진 피부가 민물에 녹아내리는 것 같은 강한 통증을 이겨내야만 했다. 그건 그래도 견딜 만했다. 미끄럼을 타면서 흥얼거리며 내려갔던 폭포는 어찌할까? 온 힘을 다해 힘껏 뛰어올랐지만 그대로 나동그라져 죽은 친구들이 우리의 마음을 더 약하게 했다. 그만 포기하고 싶었다. '여기까지 왔는데 그래도 우리 2세를 위해서는.' 날아올라 한 단계 올라선 여정이 시작되었다. 그러나 우리를 기다리고 있는 것은 겨울잠을 대비해 영양을 보충하려고 강가에서 기다리고 있는 곰이었다. 탄탄한 우리의 몸은 곰들에겐 최고의 보양식이었다. 친구들은 여기서도 늘비하게 죽어나갔다. 고향으로 돌아가기 위한 처절한 몸부림으로 우리의 기력은 서서히 빠져갔다.

나는 가까스로 고향으로 돌아와 풀숲에 알을 낳고 편안한 잠에 빠져 들었다. 남자 친구는 내 분신 위에 자신의 체취를 담아 남은 힘 하나까지 다 끌어내어 새끼가 나올 때까지 돌보았다. 우리의 2세를 위해 머나먼 여정을 달려왔던 그 길을 돌아보았다. 앞으로 우리의 2세에게 닥쳐올 역경이 순탄히 지나가기를 기원하며 '다 이루었다.' 하는 안도의 평안함으로 눈을 감았다.

TV에서 힘차게 날아올라 폭포를 거슬러 올라가는 연어의 멋진 느린 동작을 보고 나는 어느새 상상 속으로 빠져들어갔다. 저들이 태어났던 곳을 떠나 바다로, 무한하고 풍성한 바다 생활을 버리고 다시 고향으로 돌아오는 이유가 무엇일까? 인간들은 아직 밝혀내지 못했지만 지금도 오직 어미라는 이름으로 연어의 머나먼 모정은 이어지고 있다.

통한의 눈물

●

〈정조의 역사적 배경〉

「왕은 나라를 개혁시키고자 혼신의 힘을 다했던 그 노력도 헛되이, 종기치료를 위해 한 사발의 탕약을 먹고 그만 비통히 쓰러져갔다. 한참 일할 수 있는 불혹의 나이 48세, 오직 그 자리에는 평소부터 정조를 미워했던 의붓 할머니 정순왕후뿐. 왕은 이렇게 한 많은 세상을 떠나고 말았다.」

— 드라마의 일부

조선의 왕 중 가장 훌륭한 왕을 뽑으라고 하면, 누구나 세종대왕을 생각할 것이다. 그러나 그에 못지않게 훌륭한 왕이 있으니 바로 조선의 22대 정조대왕이다. 나도 방송을 보기 전까지는 그저 개혁을 시도하다가 안타깝게 세상을 떴다는 정도로만 알았다. 물론 사극 드라마나 영화에서 정조를 새롭게 부각시키기는 했었다. 그러나 그것은 어디까지나 극을 흥미롭게 하기 위한 추측일 뿐이라 생각했다. 정조에 대해 말하려면 그의 아버지 사도세자에 대해 말하지 않을 수 없다.

영조는 첫 왕후가 죽자 두 번째로 당시 15세였던 정순왕후를 맞이했다. 사도세자는 품위가 있고 영특하며 나이도 정순왕후보다 많았다. 왕후가 사도세자를 흠모했으나 세자가 들어주지 않자 그때부터 미워하게 되었다는 것은 어디까지나 추측이다. 물론 정순왕후는 영조가 죽었을 경우, 자신의 안위가 늘 불안하였다. 그래서 그녀는 자신의 입지를 위해 당시 실세인 북인들과 결탁하여 사도세자를 죽이는데 한몫을 했다. 그 아들 정조 또한 아버지 사도세자를 닮아 성군으로서의 기지가 보이니 계속 눈엣가시였을 것이다. 그 이유로 정순왕후가 정조를 독살했다는 이야기는 실록에 기록되지 않았으니 그 역시 추측이라고 할 수밖에 없다. 그러나 실록이라는 것도 서슬이 퍼런 북인들에 의해 쓰였을 가능성도 배제할 수 없다.

정조가 죽은 뒤 정순왕후는 정조의 개혁의지를 받들던 남인출신 정약용, 이승훈, 이가환 등을 천주교도라는 이유를 내세워 귀양을 보내거나 몰살했다. 5년 동안 피바람을 일으키고 그녀도 세상을 떠나버렸다. 마치 중국 독재정치의 대명사 서태후를 연상시키는 대목이다. 심지어 실제로 천주교도가 아닌데도 정적들을 제거하기 위해 천주학이라는 책을 집어던져 천주교도로 몰았다는 이야기도 있다. 그 뒤 홍경래의 난을 시작으로 동학란 등 많은 민란이 일어났다. 민심은 어수선하고 조선은 암흑시대로 접어들고 말았다. 정순왕후가 죽자 안동○씨 세력에 의해 정순왕후 일파도 모두 멸문지화를 당했다. 안동○씨 세력은 결국 조선의 멸망을 앞당기는 결과를 가져왔다. 이래서 역사의 수레바퀴는 돌고 돈다고 했던가?

〈원행을묘 정리의 궤〉

사도세자가 뒤주에 들어가던 날, 11세였던 세손 이산은 할아버지 영조에게 아버지를 살려 달라고 피울음을 울며 사정했었다고 한다. 그러나 사도세자는 뒤주 속에서 8일 만에 굶어죽고 말았다. 세손의 마음은 어땠을까? 아마 이때부터 정조는 자기가 왕이 되면 아버지의 명예를 복권시키려 다짐했는지도 모른다. 정조는 왕이 되고나서도 원수인 할머니와 어머니 혜경궁 홍씨에게 조석으로 문안을 드리며 더욱 효심을 보여 주었다. 그 이면에는 오로지 사도세자의 복권에 대한 의심을 받지 않기 위해서라고 생각하는 이도 있었다.

왕위에 오른 정조는 오랜 기다림 끝에 사도세자를 복권시켰다. 능을 화성으로 옮겨 마침내 가장 화려하고 위엄이 있으며 극적인 왕의 행차를 실행하였다. 어머니 혜경궁 홍씨의 회갑을 축하한다는 명분이었다. 그러나 속내는 군사훈련과 궁중잔치, 백성에 대한 구제 등 정조의 백성 사랑과 강력한 정치체제를 보여주려는 의도였다. 정조는 〈원행을묘정리의궤〉라는 제목을 붙여 을묘년 원행을 정리했다는 뜻으로 8권의 의궤를 완성했다.

그럼 의궤란 무엇인가. 조선왕실이 주요행사를 글과 그림으로 기록하여 후대에 전하는 국가 기록물을 말한다. 현재 규장각, 장서각, 국립중앙박물관 등에 3,895권이 있다고 한다. 2007년 유네스코세계문화유산으로 등재되었다. 그중, 〈원행을묘정리의궤〉가 가장 성대하고 장엄하여 당시 예산 2,785냥(현시가 2억 원)이 들었다고 한다. 어마어마한 기록물을 김홍도의 그림으로 세밀하게 남겼다.

〈의궤 8일간의 축제 탄생〉

이 의궤를 바탕으로 KBS-1TV에서는 〈의궤 8일간의 축제〉라는 다큐멘터리를 제작하였다. 1,700명의 군사와 국내 유명 요리연구가들의 요리재연, 국내 최초로 3D, 4K방식과 다양한 카메라들을 이용하여 완전무결한 8일간의 의궤를 복원시켰다. 그림과 기록이 워낙 자세하여 복장이나 음식을 복원하는데 별 어려움이 없었다고 한다. 200년 전에 정조가 그랬던 것처럼 현대의 기술과 열정으로 이렇게 완벽한 모습으로 되살아났다.

무심코 TV를 틀어보니 내용 전개가 심상치 않았다. 배우들도 어디서 구했는지 생소한 얼굴들이어서 더욱 사실감이 들었다. 마치 실제로 정조가 살아난 것처럼……. 나는 점점 더 빠져 들어갔다. 3부작으로 방송되었지만 8일간의 행적을 자세히 알 수 있었다.

1일째와 2일째 7일째와 8일째는 오고가는 시간으로 혜경궁 홍씨의 건강을 생각해서 평소에는 하룻길이었지만 이틀씩 잡았다고 한다. 이 부분에서는 정조의 효심이 잘 나타나 있다. 왕의 행차가 지나가는 길목은 완전히 잔치 분위기였다. 평소에 왕을 볼 기회가 없었던 백성들에게 얼마나 큰 구경거리였겠는가. 8일 간의 축제는 그야말로 온 백성들의 축제라고 해도 지나침이 없었을 것 같다.

3일째에는 첫 공식행사로 향교에 가서 제사를 드리고, 화성 주민을 위한 과거시험을 치렀다. 주제도 어머니의 만수무강을 비는 내용이었다고 한다. 오후에 바로 시험결과를 발표했다. 여기서 정조의 화성주민을 위한 배려와 속전속결로 시험결과를 투명하게 처리한 점을 높이 살 수 있었다. 오후에는 회갑연 예행연습을 하였다.

4일째, 어머니와 함께 아버지 사도세자의 묘소를 참배했다. 혜경궁 홍씨는 이때 참았던 눈물이 복받쳐 올랐다. 오후에는 화성에서 제일 높은 시장대에 올라 3,700여명의 무사들에게 군사훈련을 시키고 밤에도 한 번 더 시켜 위용을 자랑하였다.

5일째, 드디어 70여 가지의 음식을 차려놓고 14가지의 궁중무용으로 잔치는 최고봉에 이르렀다. 6일째, 화성에서의 마지막 날이었다. 왕은 신풍루에 올라 홀아비, 과부, 가난한 사람들 4,813명에게 쌀과 소금을 하사했다. 또 관리를 포함 399명의 노인에게 식사를 제공하고 비단 한 필과 지팡이를 선물했다. 이때 왕도 똑같은 음식을 먹었다니 백성 사랑의 성품을 짐작할 만하다. 마지막 오후, 돌아오던 길에도 또 한 번의 자비를 베풀었다. 백성들을 직접 만나 고충을 들어주고, 각자 필요에 따라 쌀과 세금을 면제해 주기도 했다. 백성의 고충을 127건이나 들어주었다니 이 정도면 과연 성군이라고 해야 하지 않겠는가.

그는 항상 하루 일과표를 작성하는 계획적인 생활을 했다고 한다. 비단옷을 사양하고 무명옷을 빨아 입었다. 물론 사치를 멀리하고 늘 검소하게 지냈다. 비단옷을 입은 신하들이 부끄러울 정도였다. 여색과 잡기도 멀리하고 주로 책을 읽으며 학자의 도를 닦았다고 한다. 규장각이라는 왕실도서관을 만들어 학문을 장려했다. 왕이라기보다는 학자에 더욱 가까웠다.

"백성과 왕실도 하나인데 배부르게 하지 못했으니 어찌 서운하지 않겠느냐?" 라고 《정조실록》에 전하고 있다. 정조는 8권의 의궤를 만든 뒤, 경비를 아껴 100권의 인쇄본을 남겼다. 그림 병풍도 21부나 제작했다.

북인이 득세하던 정계에 남인을 과감히 중용하여 나라의 부강을 위해 애썼던 정조! 열매를 맺기도 전에 세도정치의 희생물로 사라진 정조대왕이 정순왕후보다 좀 더 오래 살았더라면 오늘날 우리나라는 어떻게 되었을까? 아마도 일본과 중국을 200년이나 앞서 세계의 강대국으로 우뚝 설 수도 있었을 것이다. 8일 간의 축제를 방송에서는 '눈물과 복수가 숨겨진 비장한 축제'로 표현하고 있다. '나에게 깊은 뜻이 있다.'고 말한 정조의 마음을 알 것 같다. 정조가 흘렸던 통한의 눈물이 나의 마음에도 흘러들어 가슴을 적셨다.

(2013. 11. 5. 지난 10월 27일 KBS-1TV 〈의궤 8일간의 축제〉 참조.)

배려

●

아침저녁으로 선선한 바람에 그 지루했던 장맛비도 이젠 쫓겨 가려나 했더니 TV에서는 아직도 비 소식이다. 남편이 건강검진 중에 몸에 이상이 발견되어 서울의 대형병원에서 수술을 받고 돌아와 회복하고 있는 이즈음 지난 한 달이 꿈같이 흘러갔다. 암이라는 소식을 듣고 처음엔 '우리나라 사람 세 명 중에 한 명이 암이라는데.' 하며 그다지 충격은 일지 않았다. 물론 그런 일이 일어나지 않았으면 좋았겠지만, 다른 사람들이 걸리는 암이 우리 집에서만 피해 갔으면 하는 마음은 나만의 이기심 같았다.

지난 십여 년 동안 우리 가정에 처음엔 물질이 손해를 보는 일들이 일어났다. 다음엔 남편 사업장에 작업원이 사고로 죽든지 교통사고가 나든지 하는 사건이 터졌다. 이런 일들이 생길 때마다 남편에게 일어날 사고를 하나님이 차마 그렇게 할 수 없어 주위 사람들에게 생긴 것 같은 느낌을 받았다. 우리가 아이들에게 훈계를 할 때 회초리를 들고 아이를 때리지 않고 애먼 바닥을 때리는 것과 같은 원리라 할까.

오년 전에도 남편에게 대장 정밀검사를 받아보라는 건강진단 결과가 나왔었다. 당시에는 긴장도 하고 술도 끊고 노력했지만 용종이라고 하니 다시 옛 생활로 복귀해 버렸다. 그 때부터 건강에 좀 더 신경 썼더라면 지금 이런 상황이 오지는 않았으리라는 생각도 해본다.

날 때부터 소경 된 자가 자기의 죄도 아니요 부모의 죄도 아니고 하나님의 영광을 드러내기 위함이라고 했다. 우리에게 불행한 일이 생길 때 대부분의 사람들은 무슨 잘못이 있어서 그런 일을 당한다고 생각하기 쉽다. 내 경우는 내 안에서 그 원인을 찾아보고 반성한다. 조용히 주님의 뜻을 기다리고 기대하며 살아가련다. 이번 남편의 질병으로 많은 것을 체험하고 반성하고 사랑도 충만히 받았다. 하나님이 얼마나 우리를 사랑하시는지 참새 한 마리도 그분의 뜻이 아니면 떨어지지 않고 그분의 계획 속에서 이루어지고 있다는 것을…….

처음에 소식을 접하고 딸과 통화를 하다가 늦는 바람에 목장모임에서 해명 겸 목원들에게 제일 먼저 알리게 되었다. 그 목장 모임 보고서를 쓸 때 목원 소식란에 거짓말을 못하는 나는 부목사님께 보고하게 됐다. 담임 목사님께는 또 나중에라도 알면 서운할 것 같아 알렸다. 물론 그들은 알면서부터 바로 기도에 들어갈 것이다. 문제는 은밀히 하나님께 기도만 하면 좋은데 일파만파 소문이 퍼지는 것이다.

소문나는 것은 두렵지 않지만 사람들이 나 없을 때 나에 대해 말하는 것도 싫고 그 이면에 동정심이 깔려있는 것도 불편했다. 또한 교회 내에서도 남을 위해 기도해주는 입장의 나로서는 자기 남편에게는 그렇게 하지 못한 것 같은 인간적인 생각에서 소리 소문 없이 치료를 하고 싶었다. 치료를 다 마친 후엔 이랬었노라 하고 당당하게 간증하였으면 했다.

새벽예배 때 목사님께도 마이크에 대고 기도도 하지 말고 혼자서만 은밀하게 기도해 줄 것을 부탁했다. 크게 기도하면 교인들이 눈치채고 다 알기 때문이었다. 목사님은 그 약속을 지켜 주셨다. 하지만 나의 작은 바람은 처음에 내가 목원들에게 말하는 순간부터 또 교회에 보고하는 그때부터 무너지고 말았다. 하기야 나도 누가 중병에 걸렸다고 하면 그것같이 큰 일이 없어서 남편에게도 말하고 지인들에게 말했던 일이 많았다. 특히 자기 주변의 가족이나 친지에게 그런 일이 생기면 더더욱 충격을 받는다. 정말 하늘이 무너지는 것 같은 절망감을 느낀다. 정작 본인들보다도 이웃이 더 걱정을 한다. 진심으로 환자가 쾌유하기를 바라는 마음에서 그 충격이 본의 아니게 다른 사람에게 전달된다.

어려운 질병으로 고통 중에 있는 지인에게 위로 차원에서 나도 이런 어려움을 겪고 있다고 말해준 것 외에는 내 입으로 아직은 말하기 싫은 마음이 들었다. 그런데도 사람들이 소식을 알고 걱정하며 그 후 소식을 물어왔다. 평소 긍정적인 성격이라는 말을 들어오던 나는 치료하면서 남편의 질병도 잊어버리고 잘 지내고 있었다. 그런데 사람들이 물어오면 처음서부터 지금까지의 얘기를 안 할 수가 없어 곤혹스러웠다. 내가 경험해 보니 그런 분위기가 더 마음에 부담이 되는 것이다.

상처가 아물려고 꾸덕꾸덕 말라가고 있는데 딱지를 뜯으면 또 피가 난다. 다시 아무는 데는 시간이 걸린다. 천형의 주홍글씨처럼 얘기하면서 집안에 우환이 있음을 또 한 번 상기하게 된다. 질병 자체보다 이런 부수적인 감정들이 더 괴로웠다. 차라리 알면서도 모른 척 지나가 주었으면 했다. 그동안 내가 했던 모든 행동들이 반성이 되었다. 위로한다고 한 말들이 오히려 그들의 마음에 생채기를 낸 것이 아닌지 이번 경험으로 깨닫게 되었다.

학창 시절에 얼굴에 큰 화상이 있는 친구가 있었다. '어쩌다 그랬냐?'는 그런 어리석은 질문을 내가 왜 했는지 지금은 부끄럽다. 내 딴엔 친구에게 설명할 기회를 주는 것이라 생각했다. 알았으면 속으로 기도하며 궁금해도 참고 본인이 다 극복하고 나오기까지 잠잠히 기다려 주는 배려가 필요한 때다.

중독

●

시계를 빈번히 들여다본다. 날마다 그 시간이 되면 나갈 채비를 한다. 마치 신데렐라가 자정만 되면 신발까지 떨어뜨리고 뛰쳐나간 것처럼……. 머릿속이 늘 그 생각에 사로잡혀 있다. 때로는 잠을 자려 할 때도 한 번 생각에 빠지면 이 궁리 저 궁리하다가 쉽게 잠들지 못할 때도 있다. 하루에 두 시간씩은 꼭 그를 만나야 하는데 모임이 있어 늦어지면 한 시간이라도 만나려고 꼭 그곳에 가야만 한다.

두시가 적기다. 이 시간을 놓치면 그와 만남이 늦어져 양이 차지 않는다. 그가 앞으로 가면 뒤따라가고 옆으로 가면 또 따라가기에 바쁘다. '나 잡아봐~라.'고 놀리듯이 제 맘대로 달아난다. 그럼 나는 그가 어디에 있든지 쩔쩔매며 구석구석 찾아 소중하게 다루어야 한다.

한 때, 커피와 여행에 빠졌을 때가 있었다. 어떤 이가 나를 지칭해 여행중독자란 말을 했다고 한다. 그 말을 들었을 때 내 마음이 싸해졌다. 서운한 것도 아니고 꼭 그렇게 표현해야만 하나? 하는 아쉬움이 일었다. 그저 '여행을 좋아하는 사람이라고 해도 될 텐데.' 하는 섭섭함이었다. 중독이란 말이 주는 느낌이 부정적일 때가 많아 기분이 그다지 좋지는 않았다. 굳이 나만의 변명이라면 나만 그런 게 아니라 내 주변의 지인들이 다들 그렇기 때문에 금세 평정을 찾을 수 있었다.

여행할 기회가 방학 때만 허락되던 시절엔 항공사 리무진만 지나가도 '저 차를 타고 훌쩍 어디론가 떠나고 싶다.'라고 생각했던 때도 많았다. 여행을 좋아한다면 취미라고 해야지 거기다 '중독'이란 말을 붙이면 어딘지 말하는 이의 불편한 심기가 드러나는 것 같은 느낌이 묻어난다.

학교에 첫 발령장을 받고 인사기록카드 취미 칸에 '여행'이라고 썼었다. 몇 년이 지나고 다른 학교로 전근될 즈음엔 '여행' 대신 '꽃꽂이'로 바꿨다. 새로 발령받을 학교에서 어디나 나돌아다니는 것 같은 인상을 받는 '여행'보다는 고상한 '꽃꽂이'가 나을 성싶은 마음에서였다. 철이 들었다기보다는 그만큼 세상의 때가 묻었는지도 모른다. 이미지 관리라는 생각을 하게 되었다.

이 시대는 가장이 다니던 직장을 그만두고 퇴직금으로 온 가족이 세계 일주를 하는 사람이, 좋은 의미의 뉴스로 신문에 나기도 한다. 심지어 어떤 이는 집을 팔아 학교에 다니는 자녀를 데리고 세계 일주를 하기도 한다. 회사원을 뽑을 때도 지경을 넓혀 세계의 각 나라에서 어떤 경험을 했느냐에 따라 당락이 결정되기도 하는 시대로 바뀌었다.

커피에 대해선 내가 좋아하기 때문에 늘 우리 교실이 휴게실이 되어 멀건 커피보다는 밀도 있는 진한 커피로 대접했다. 커피와 크림 설탕의 비율과 커피 잔의 온도, 물의 양도 중요했다. 커피에 관심이 많다 보니 다방에서 어떻게 하는지 유심히 살펴보았다. 큰 양푼에 컵을 넣고 삶아 불순물을 옹글게 제거했다. 그 컵에 커피를 타면 내용물이 오롯이 녹아 거품이 나지 않고 온도가 뜨거워서 다 마실 때까지 풍미를 유지했다. 어차피 하루에 한두 잔 마시는데 입에 맞는 커피로 기분 좋게 마셔야지 입맛에 맞지 않으면 입만 버린다. 그 뒤론 일회용이 나와 우리의 입맛은 일회용에 맞춰져 있다.

십여 년 전, 평생교육원에 처음 발을 디뎠다. 교실에 근 삼십 명 정도의 회원이 있었지만 커피를 마시는 분위기가 아니었다. 커피 중독자인 나는 집에서 커피포트와 커피, 차를 준비해 와 오늘날과 같은 휴식시간 분위기를 만들었다. 요즈음은 봉지 커피에 물린 회원들은 카페로 몰려가 2차를 즐기고 있다. 제사보다 젯밥에 더 관심이 있다는 속담이 있는데, 공부도 좋지만 2차가 더 좋은 것도 일종의 중독 증세라고 해도 할 말이 없다.

난 요즈음 탁구에 중독되어 벗어나지 못하고 있다. 현직에 있을 땐 배드민턴을 쳤는데 무릎이 좋지 않아 부담이 덜한 탁구를 시작했다. 탁구를 배우지도 않고 다짜고짜 시작했던 때, 퇴근 시간만 되면 늘 강당에서 탁구를 했었다. 시간이 나자 정식으로 교습을 받았는데 몇 개월 배우고 사정이 생겨 그만두어 내 실력은 그 상태로 멈추었다. 퇴직한 뒤 주민 센터에 동아리가 있어 등록했다. 조금 배워 늘만하면 석 달씩 장기출타를 해 실력은 계속 제자리걸음이었다. 경기를 하면 좀 이길 때도 있어야 하는데 나와 조를 이루면 지게 되니 내 짝의 눈치도 보였다. '어떻게 하지?' 내 머릿속은 오로지 그 생각뿐이었다. 탁구장에 가서 몇 달간 교습을 받고 와서 민폐를 끼치지 않고 당당하게 치고 싶은 욕심이 났다. '내일은 학원에 등록해야지.' 내일, 내일 하면서 시간은 자꾸 흘러갔다.

처음 탁구를 시작할 때 나보다도 초보였던 사람이 몇 년 지나자 내가 그의 상대가 안 되는 것이 신경에 쓰였다. 그는 교습을 받아 실력이 크게 늘어났다. 나도 학원에 등록하여 제대로 배우고 싶었다. 그쯤 되니, 이 학원 저 학원 전화하느라 나는 여전히 탁구에서 벗어날 수가 없었다. 그러나 시간과 장소 등 여건이 좀처럼 맞지 않았다. 동아리 회원 중 체육 교사를 하다 교장 선생님으로 은퇴한 분이 있어 다른 몇 명과 함께 고정적으로 교습을 받았다. 내 실력도 차츰 나아졌다. 그래도 서열은 여전히 꼴찌 수준이다. 왜냐하면, 내가 배우는 동안 다른 회원의 실력도 늘기 때문이다.

우리말 사전에는 "술이나 마약 따위를 지나치게 먹어 인이 박여 그것 없이는 견디지 못하는 병적 상태"를 중독이라고 풀이하고 있다. 술과 마약만이 아니라 일, 도박 등 한쪽으로 치우쳐 집착하게 되면 대략 중독의 수준으로 봐야겠다. 중독은 이렇게 어감이 긍정적이지는 않다. 우리 몸의 콜레스테롤도 해로운 것과 이로운 것이 있듯이 중독에도 공부, 독서, 수필, 취미 등 발전적인 중독이 많아졌으면 한다. 지금은 낮 12시 반, 내 마음은 벌써 탁구장에 가 있다. 지름 3㎝도 안 되는 탁구공과의 만남을 위해서…….

절규

●

'절규'란 낱말의 사전풀이는 간단하게도 '부르짖음'이란 단 네 글자다. 지난번 북유럽에 갔을 때 노르웨이의 오슬로국립미술관에서 많은 예술품을 감상했다. 그중에 에드바르 뭉크(Edvard Munch) 방에 〈절규〉라는 작품이 있었다. 주황색 노을을 배경으로 다리 위에 두 남자의 실루엣이 보였다. 머리가 노란색이어서 대머리처럼 보이는 주인공 뭉크 자신은 눈을 치뜨고 입을 한껏 벌려 비명을 지르는 듯했다. 미술 교과서의 어디선가 본 것 같은 눈에 익숙한 작품이었다. 몸도 흐늘흐늘 S자형으로 흔들리며 경악하는 눈빛은 마치 비명이 들리는 것 같은 착각을 불러일으켰다. 뭉크는 왜 저런 모습으로 절규해야만 할까? 고흐, 르누아르, 렘브란트에 이어 이번엔 '북유럽의 세잔'이라는 별명이 붙은 에드바르 뭉크에 대해 알아보고 싶었다.

뭉크의 작품 '절규'의 탄생 배경을 이해하려면 먼저 그의 삶을 알아야 한다. 그는 1863년에 태어나서 여섯 살 때 당시 30세이던 어머니를 결핵으로 잃고 만다. 열네 살 땐 오 남매 중 가장 친했던 누나도 같은 병으로 잃는다. 더구나 아버지는 아내를 잃은 슬픔을 신앙으로 극복하려고 어머니가 하늘에서 지켜본다는 식으로 늘 형제들을 다그치곤 했다. 어린 시절에 겪었던 가족의 죽음은 그의 작품세계를 어둠으로 이끌었다. 공포, 슬픔, 죽음의 천사, 두려움 등이 그것이다. 그는 류머티즘과 열병, 불면증으로 신경이 예민해져 정신병을 얻었다.

한창 감수성이 예민했던 19세 때는 밀러라는 여인을 사랑했다. 하지만 순수한 그에 비해 그 여자는 자유분방해서 뭉크는 26세 때 파리로 유학을 떠나기까지 의심과 질투에 시달려야 했다. 급기야는 여성 전체를 가증스럽게 여길 정도까지 되었다. 파리로 가서 고흐, 고갱의 작품에서 깊은 감명을 받고 인간의 내면을 표현하는 데 관심을 쏟았다.

아버지와 여동생의 우울증, 남동생의 요절로 뭉크에게 항상 붙어 다니던 죽음의 그림자! 그런 그였기에 작품 역시 〈병든 아이〉, 〈흡혈귀〉, 〈잿더미〉, 〈질투〉, 〈병실의 죽음〉, 〈마라의 죽음〉 등 제목만 봐도 작품이 어떨지는 짐작이 간다. 심지어 〈마돈나〉라는 여인의 얼굴 역시 시체처럼 납빛 얼굴이다. 그런 그의 작품이 독일에서 전시되었다. 결과는 어떻겠는가? 당시 건전하고 긍정적인 화풍이 유행하던 독일에서 퇴폐적이라는 이유로 8일 만에 간판을 내리는 소동이 벌어졌다. 대신 독일 전역에 '뭉크 스캔들'이란 유명세를 타기도 했다고 한다.

살아생전 1,100점의 유화와 판화 18,000점, 소묘 수채화 등 4,500점을 남기고 80세로 세상을 떴을 때, 오슬로 시민은 물론 노르웨이 국민들은 큰 슬픔에 빠졌다. 세계적인 화가를 잃은 슬픔도 컸거니와 더구나 그가 아끼던 모든 작품을 오슬로 시에 기증했으니 그럴 법도 하다. 노르웨이 정부는 1963년 뭉크 탄생 100주년을 맞아 뭉크 미술관을 건립했다. 또한, 1,000크로네 화폐에 그의 초상을 그려 넣어 온 국민이 자랑스럽게 기념하고 있다.

그의 일기에 〈절규〉 제작 일지를 남겨 놓았는데 그가 어떤 마음으로 그 그림을 그렸는지 알 수 있을 것 같았다.

> 친구 둘과 함께 길을 걸어가고 있었다. 저물녘이었고 나는 약간의 우울함을 느꼈다.
>
> 그때 갑자기 하늘이 핏빛으로 물들기 시작했다. 그 자리에 멈춰선 나는 곧 죽을 것만 같은 피로감으로 난간에 기댔다. 그리고 핏빛 하늘에 걸친 불타는 듯한 구름과 암청색 도시와 피요르드에 걸린 칼을 보았다.
>
> 내 친구들은 계속 걸어갔고 나는 그 자리에 서서 두려움으로 떨고 있었다. 그때 자연을 관통하는 비명을 들었다.
>
> — 뭉크의 일기 중에서.

이제야 〈절규〉란 작품이 제대로 이해된다. 뭉크의 절규는 그의 것만이 아닌 우리 모두의 절규였다. 뭉크의 슬픔에는 미치지 못하지만 나도 비슷한 경험을 한 일이 있다. 내가 26세 때, 친정집에서 일급 정교사 강습을 받는 주중에 시골집으로 가는 길이었다. 버스가 급정거하는 바람에 버스 안에서 거의 앞좌석 부근까지 밀려갔다 왔다. 이튿날 하혈이 있어 병원에 갔더니 임신인데 유산되고 있다고 했다.

나의 어머니는 자신의 경험상 임신은 입덧이 있어야 한다고 했다. 나는 입덧이 없기에 대수롭지 않게 생각하다가 변을 당한 거였다. 둘 다 그렇게 무지할 수가 없었다. 전주 친정집에서 밤새 아픔의 고통에 시달리면서도 안방에 계신 부모님을 깨우지 못했다. 그때의 고독감이란……. 누군가 말한 '군중 속의 고독'이란 말이 절실하게 실감났다. 남편도 없이 결국 화장실에 가서 나 혼자 그 고통을 다 이겨냈다. 나의 첫 아이는 그렇게 허무하게 내 곁을 떠났다. 그 뒤, 첫 아이를 유산하니 습관성유산으로 변해 어려운 과정을 거쳐 겨우 딸 둘을 얻었다. 병가 한 번 안 냈던 나도 아기 때문에는 한 달간의 병가를 낼 수밖에 없었다.

현대인들은 고독과 두려움을 이겨내지 못하고 섣부른 결정을 하는 이들이 많다. 특히 우리 나라는 자살률이 1위라고 한다. 뭉크는 자신의 고통을 오히려 예술로 승화하여 그만의 특별한 작품 세계를 만들어 냈다. 작품을 팔지 않기로 유명한 그였지만 땅과 작업실을 위해 작품 몇 개를 팔았다고 한다. 그중 뉴욕 소더비경매장에 있는 파스텔화 〈절규〉는 1억 2천1백만 달러로 경매되어 세계에서 가장 비싼 그림 9위에 들었단다. 그만큼 희소가치가 있어서라니 참 놀라웠다. 뭉크는 생전에도 피카소만큼 대접을 받았다는데 죽어서도 세계인들의 사랑을 받고 있으니 그의 불행은 오히려 약이 되었다. 누구나 괴로울 때는 자신만 그런 어려움을 당한다고 생각하지만 그들의 절규가 승리의 나팔로 바뀔 날이 있으리라 기대해본다.

(2014. 9. 1. 노르웨이 오슬로 국립미술관에서 뭉크의 작품 〈절규〉를 보고.
다음 백과 참조.)

동병상련

•

"두 줄이네요."

간호사가 문 쪽에 서 있으라고 하면서 덕진보건소에 가서 PCR 검사를 받아보라고 했다. 짧은 순간 멍하니 당황이 되었다.

"확진자가 되면 정부에서 치료비……. "

간호사의 뒷말은 하나도 내 귀에 들어오지 않았다. 삼 일 전에 기침이 조금 나와 미심쩍어 항원 검사를 했더니 음성으로 나와서 감기약을 지어 왔다. 오늘은 삼 일분을 더 지으려고 병원에 간 김에 검사했는데 그만 양성이 나온 것이다.

검사하는 사람들로 선별소 앞은 줄이 길게 늘어서 있었다. 서너 살 먹은 아이들과 함께 온 가족, 혼자 온 청년과 노인, 선별소 안엔 가지각색의 검사 대상자들로 붐볐다.

"으앙~" 아이들의 비명이 선별소로 바뀐 베드민턴장 안을 쩌렁

울렸다. 여기저기서 울음소리가 터져 나왔다. 병원에 갔다가 탁구까지 치고 올 요량으로 가방까지 들고 간 나는 곧장 집으로 와버렸다. 이미 두 줄이 나왔으니 내일 나올 결과도 뻔할 것 같았다.

이튿날, 확진자이며 격리대상자라는 메시지가 왔다. 어디서 걸렸는지 짚이는 데가 있었다. 나랑 같이 탁구 하는 회원이 며칠 전부터 탁구장에 오지 않아서 연락을 해봤더니 자기도 감기 기운이 있어 약만 먹고 있다고 했다. 빨리 검사해 보라고 했다. 한 가지 천만다행인 것은 그날이 금요일이어서 주말 동안 탁구장에도 안 가고 교회에도 가지 않은 것이다. 사실 첫날 음성이어서 교회엘 가려고 했는데 기침 몇 번 했더니 목이 꽉 잠겨서 교인들이 꺼림칙하게 생각할 수 있다고 남편이 가지 말라고 말렸다. 증세가 있어 검사한 뒤 음성이라고 나오면 사람들이 안심하고 활동하는데, 그때 바이러스가 활발히 전파된다고 한다. 전파력이 왕성할 때 집에만 있었던 것이 다른 사람에게 피해를 안 준 셈이다.

이삼 년 사이에 우리 가정에 크고 작은 일들이 가끔 생겼다. 그럴 때마다 왜 이런 일이 일어났을까 돌아보곤 했다. 그런 일들 대부분은 우리가 살아온 결과로 나타났다. 이번 일도 원인이 있었던 것을 나중에야 깨달았다. 평소에 탁구는 멀리 떨어져서 하는 운동이라 마스크를 쓰고 하면 비교적 괜찮은 운동이라 생각했다. 그런데 복병이 숨어있었다. 둘이 칠 때 공 하나로 치면서 상대가 만진 공을 내가 만지니 자연스레 바이러스에 접촉될 수 있다는 사실을 놓쳤다. 그럴 줄 알았으면 손도 더 자주 씻고 했을 텐데……. 후회

해도 때는 늦었다.

매일 두 시부터 탁구를 하다가 네 시가 되면 어김없이 주섬주섬 집에 갈 채비를 하는 나를 보고 탁구회원들은 '네 시 신데렐라'라는 별명을 붙여 주었다. 집에 오면 한 시간 정도 성경 쓰기를 하며 마음을 정돈시켰다. 그런데 요즈음 한 가지 변화가 생겼다. 탁구장에 가는 시간이 점점 늦어져서 '네 시 신데렐라'가 점점 시간을 지키지 않은 때가 많았다.

오미크론 때문에 집에서 성경 쓰기를 하는데 노트는 1월 20일에 멈춰져 있었다. 두 달 동안 탁구의 즐거움에 빠져서 묵상 시간을 갖지 못했다. 탁구 때문에 멈춰진 하나님과의 시간이 오미크론을 통해 회복되었다. 믿지 않는 사람들은 뭘 그런 것까지 하나님이 상관하겠냐고 말할지도 모른다. 하지만 나의 경우는 하나님이 가까이 있는 것처럼 깨우쳐질 때가 많다. 하나님이 택한 자녀는 별과 별 사이에 거할지라도 바닷속 깊은 곳에 있을지라도 반드시 끌어내신다고 했다. 자녀가 헛된 길로 가는 것을 보면 주저앉혀서라도 바로잡고 싶은 것이 부모의 마음이다.

정해진 나의 생활 패턴을 내 맘대로 바꾸고 일상에 빠져 살았다는 자책과 함께 반성했다. 무엇보다 하나님과의 관계를 제일로 삼는 나 자신이 되어야 함을 느꼈다. 그러나 이 마음이 얼마나 오래 갈지는 모른다. 그나마 다행인 것은 백신을 3차까지 맞아서 그런지 코막힘과 콧물 정도로 견딜 만한 약한 증세라 쉽게 이길 수 있었다. 더구나 지난번 미국에 다녀온 뒤 자가격리를 2주간 한 경험이 있어 일주일은 너끈히 버텼다.

집에 갇혀 있다 보면 식사하는 게 문제로 다가온다. 세 끼니를 매번 같은 음식 먹기도 질리고 점심 한 끼 정도는 배달해 먹어도 좋을 것 같았다. 그러나 그것도 마음뿐이지 젊은이들처럼 앱이라도 사용하면 좋을 텐데 습관이 되지 않아 해 먹자니 여간 힘들지 않았다.

격리되어 어려움을 겪고 있을 때 이웃이 베푸는 온정은 평소보다도 더 큰 고마움으로 다가온다. 지난번 자가격리 때도 이웃들이 사랑을 나누어 주어 큰 감동을 하였다. 그 뒤 다른 이들이 자가격리 할 때 나도 작은 정성이나마 함께 나누었다. 이번엔 오미크론으로 어려움을 겪는 이들과 함께 나누라고 이런 어려움을 주셨는지……. 누구에게나 흔히 일어날 수 있는 자그마한 일에서도 동병상련同病相憐의 마음을 느낄 수 있음에 감사하다. 우리 주위에서 오미크론에 걸려 자가격리 하는 사람들이 많아지고 있다. 그들에게 한 끼 정도 음식을 시켜주어 작은 기쁨을 나눠주면 어떨까 궁리하고 있다.

격세지감

●

긴 생머리를 찰랑거리며 한 소녀가 걷고 있다. 열두세 살쯤 되었을까? 누가 봐도 초등학생임을 알 수 있는 모습이다. 손에는 카페용 종이컵을 들고 한 모금씩 홀짝거리며 걸어간다. 몇 년 전만 해도 대학생들에게서나 볼 수 있던 광경이다. 갑자기 무엇이든 알아보고 싶은 호기심이 발동한다.

"네가 마시는 음료가 무엇이니?"

"쵸코라테에요."

"그게 그렇게 맛있니?"

"네. 맛~있어요."

요즈음 젊은이들은 식사 후에 카페에 가서 차 한 잔쯤 마시는 것이 일상이 되었다. 식사도 만족하게 했으련만 또 카페에 가서 빵과 커피, 음료를 주문하여 쟁반 위엔 다양한 먹거리가 한가득하다. 삼삼오오 흐뭇한 얼굴로 대화에 열중이다. 어디 젊은이들만 그런가. 삼사십 대부터 육칠십 대까지 나이를 초월하여 이름이 있다 싶은 카페에는 손님들로 붐빈다. 그들에게는 코로나도 아랑곳없다. 코로나로 여행도 다니지 못하는데 이런 소박한 재미도 못 누리면 너무 억울하고 자칫 우울감에 빠질 것 같은 마음인가 보다.

나도 십수 년 전 까지만 해도 커피믹스 족이었다. 딸 때문에 미국에 다니다 보니 S 커피에 맛을 들이게 되었다. 딸과 사위도 요즈음 젊은이답게 식사 후에 꼭 커피를 마시곤 한다. 고속도로를 달리다가도 휴게소에 그 S 커피가 없을 때는 검색하여 주도로에서 빠져나와 기어이 커피를 마시고 간다. 식사하고 2차를 하지 않으면 뭔가 허전하고 다 마치지 못한 느낌인가 보다. 오죽하면 사람들이 집을 살 때 S 커피 가게가 있는 곳에 사라고 하는 말이 나왔겠는가.

점심시간에 젊은이들이 일회용 커피 컵을 들고 걸어가는 모습은 현대의 가장 자연스러운 풍경이다. 둘이서 아니면 셋이서, 혼자 걸어가며 들고 가는 모습도 더는 새로운 일이 아니다. 이젠 초등학생까지 그런 현상이 일상이 되었으니. 어린아이였을 때부터 부모 따라 카페에 드나들던 아이가 성장하면서 자연스레 카페 음료를 즐기는 것은 어쩌면 당연한지도 모른다.

우리 아파트 정문 앞 목 좋은 곳에 처음엔 편의점이 있었다. 몇 년 지나자 꼬칫집으로 바뀌어 그 가게 앞에는 어린이에서부터 청소년까지 줄을 지어 서 있다. 잘 되나보다 했더니 지금은 다른 집에 비해 반값 밖에 안되는 저가 카페로 바뀌었다. 두세 집 건너

카페가 있지만 거긴 한산하다. 동네 저가 커피가 전국을 휩쓸 전망이다. 유명하다는 S 커피의 장점과 저가를 접목해 대중의 입맛을 사로잡고 있다. 나도 위에 좋지 않다고 커피를 마시지 말라는 의사의 말을 듣지 않았다면 벌써 그 집 커피를 마셔봤을 것이다.

불과 몇 년 전까지만 해도 하굣길에 학생들이 막대 아이스크림 한 개씩 물고 가는 것을 흔히 볼 수 있었다. 아마도 그들 부모님은 하굣길에 간식을 사 먹을 수 있도록 용돈을 넉넉히 주었을 터였다. 그 이전 수십 년 전에는 요즈음 인기를 끌고 있었던 오징어 게임에 나오는 일명 '띄기'라고 하는 달고나 게임을 많이 했었다. 교문 앞 할아버지에게 사 먹는 달고나에 성이 차지 않는 아이들은 집에 와서 연탄불 위에 숟가락을 올려 소다와 설탕을 넣어 부글부글 끓으면 떼어 먹곤 했다. 또 학교 앞 교문에는 칡뿌리를 톱으로 잘라서 파는 아저씨들도 있었다. 우리 동네에서는 '단물'이라는 음료를 만들어 파는 집이 있었는데 사카린을 넣었는지는 모르지만, 달콤한 색색의 단물을 비닐봉지에 넣어 장수들에게 도매로 팔기도 했다.

그즈음 전주에선 '아이스께끼'라는 얼음과자가 있어서 더위를 많이 식혀 주었다. 원래 이름은 '아이스케이크'였을 텐데 우리 지방에선 '아이스께끼'라고 불렀다. 소년들이 박스를 메고 다니며 "아이스께~끼~!" 하고 외치면 아이들은 어머니를 졸라 사 먹곤 했었다. 그때 그 맛은……. 내가 6학년 때 서울로 수학여행을 갔었다. 우리가 묶는 여관에 '하드'라고 하는 부드러운 얼음과자를 파는 아주머니가 왔다. 우유가 많이 들어있어서인지 빛깔도 우윳빛이었다. 아이들은 처음 먹어보는 얼음과자 맛에 너도나도 사 먹는지라 금세 통이 바닥났다. 이전에 먹던 '아이스께끼'와는 비교도 안 될 만큼 혀에 살살 녹는 맛에 반해 내 용돈은 하드를 사 먹느라 가는 날 저녁에 다 없어지고 말았다. 나머지 용돈은 담임 선생님이 우리가 6년 동안 저축한 돈을 빌려 주셔서 수학여행을 무사히 다녀올수 있었다.

동네 곳곳에 생긴 카페 덕분에 요즈음 아이들은 어려서부터 입에서 사르르 녹는 각종 카페 음료들을 아무 때나 먹을 수 있다. 제철 과일들이 무색하게 사시사철 과일들을 마음껏 즐길 수 있으니 그 풍요함을 어디에 비기랴. 학교에 입학하자마자 아니 유치원생들도 길에서 스마트폰을 보고 다니는 스마트폰 좀비가 늘어나고 있다.

운동장에서 축구를 하고 노는 아이들의 웃음소리는 듣기만 해도 기분이 좋다. 각자 방에 틀어박혀 게임에 집중하느라 눈이 점점 나빠져 가는 손자를 보면 저절로 염려가 된다. 게임을 해도 친구와 소통을 하면서 하니 그나마 위안을 삼아야 할까? 초등학교 때부터 볼링장서 볼링을 하고 노는 자녀에게 용돈 대신에 카드를 주며 자녀를 양육해야 하는 요즈음 젊은 부모의 어깨가 무겁지 않도록 마음으로 응원하고 싶다.

제3부 ——— 완전한 신고식

윤효숙 作, 축복, 한국 채색화, 45cm×57cm

단비에 목말랐던 봄날이 가고 여름이 들어서는가 싶더니,

대지는 날마다 빗물로 목욕한다.

진정한 효도

한창 꽃다운 20세에 결혼하여 남편의 박봉을 쪼개 사남매를 기르며 하나도 알뜰 둘도 알뜰, 오로지 절약과 사랑으로 살아온 세월. 자신은 못 먹고 못 써도 자식들에게만은 다 주고 싶어 하는 우리네 어머니들처럼 그대로 살아왔던 나의 어머니. 젊었을 때는 종달새처럼 날쌔게 딸의 살림살이를 다 도와주셨던 어머니! 사남매도 다 결혼시켜 이제는 살 만하다 싶었는데, 60대 말에 아버지의 위암 발병으로 아버지 간병 하시느라 고생하셨던 나의 어머니. 젊어서 자신의 속도 많이 상하게 한 남편이지만, 그래도 영정 앞에서 울면서 푸념하시던 어머니.

그 뒤로도 훨훨 날아다니며 "나 같이 외국 여행 많이 다닌 늙은이도 없을 거여!" 하며 자랑하셨던 어머니. 그런 나의 어머니가 요즈음엔 치매 증세를 보이신다. 식사도 했는지 안 했는지 분별하지 못하시고, 못 잡수시니 살이 너무 빠지셨다. 처음에는 암에 걸려서 살이 빠진 줄 만 알았는데 식사를 못해서 그런 거였다. 화란에 사는 동생이 좀 더 건강할 때 어머니와 여행이라도 하고 싶다고 귀국했다. 동생은 기대를 하고 왔지만 어머니의 상태는 이미 장거리 여행을 할 수 없는 형편이었다. 한나절 거리로 나들이를 다니며 아쉬운 마음을 달랬다.

어머니를 모시려고 누누이 말씀드렸지만 사위 집이라며 계속 반대를 하셨다. 동생이 온 김에 어머니를 모시고 와서 이번 겨울을 우리 집에서 나고 봄이 오면 남동생이 아예 모셔가기로 했다. 동생과 같이 지낸 8일 동안에는 내가 챙겨드리니 식사도 잘해서 많이 좋아지셨다. 동생이 가고 며칠이 지나자 문제가 터졌다.

오후였다. 어머니가 갑자기 모자를 쓰시고 옷가지를 챙기며 택시만 태워달라고 하셨다. 집에 가고 싶으신 거다. 어머니의 마음에 그 생각이 꽂히니 몇 분 간격으로 마치 어린아이 보채듯이 계속 조르셨다. 조금 있다 나갈 일이 있으니 저녁 식사를 하고 목욕도 깨끗이 하고 모셔다 드린다고 해도 소용이 없었다. 씻지도 않고 식사도 하지 않겠단다. 나이가 들면 어린아이로 돌아간다는 말이 사실이었다. 어머니는 나들이 가는 어린아이 마냥 들떠 있었다. 결국 어머니 고집대로 모셔다 드릴 수밖에 없었다.

나만 잘한다고 되는 것이 아니구나 싶었다. 씻기 싫어하시는 어머니의 마음을 배려하여 이틀에 한 번씩만 씻기고, 식사와 간식을 챙겨드리면 잘 모시는 줄 알았는데 그게 아니었다. 씻자고 하면 한

기가 든다며 이불을 둘러쓰셨다. 일부러 따뜻하게 난방까지 해드렸는데도 너나 씻으라며 듣지 않으셨다.

시어머니 생각이 났다. 시어머님은 내가 씻자고 할 때, 한 번도 싫다는 내색 없이 순순히 따르셨다. 시어머님은 95세에 소천하셔서 더 연로하셨는데도 잘 씻으셨다. 나의 어머니와 비교해서 이제 와 생각해 보니 속으론 싫었는데도 며느리 눈치를 보았을지도 모르겠다. 싫다는 나의 어머니에게 냄새나면 안 된다고 강다짐하여 씻겨드렸다. 이런 과정을 되풀이하다 보니 모시는 것이 참 힘들겠구나 싶었다. 그래서 딸과 살면 늘 싸움을 한다는 말이 나왔을성 싶다. 하루종일 긴 소파에 누워서 물도 스스로 따라 잡수시면 좋을 텐데도 통 움직이지 않으려 하셨다. 물을 갖다 드리는 것이 귀찮아서가 아니라 좀 움직여야 다리가 밭지 않고 튼튼할 것 같은 마음에서였다. 하도 말씀을 듣지 않으니까.

"엄마 이렇게 씻지 않으려고 하고 운동을 안하면 나중에 요양병원으로 갈 수도 있어요."

협박 아닌 협박을 했다. 그제야 욕실로 따라 나오실 때가 많았다. 늘 이런 사소한 일로 실랑이를 하면서 어떻게 모실까. 내 속은 완전히 뒤집혀 버렸다. 어머니 소원대로 모셔다드리고 걱정이 되어 아침저녁 늘 전화로 확인해 보면 식사도 거의 하지 않으셨다.

집 전화를 받지 않아 부리나케 경로당에 가 보았다. 어르신들이 요즈음 어머니가 경로당에 오지 않는다면서 왜 요양병원으로 모시지 않느냐고 하셨다. 내 마음은 또 미어졌다. 요양병원은 고사하고 내 집에도 안 오신다고 했다. 내가 염려하니 지인이 의료공단에 신청하여 요양등급을 받으라고 했다. 의료공단에서 심사를 나왔는데 어머니는 요양병원으로 보내는 줄 알고 불안해하셨다. 안심시켜 드리고 결국 예수병원에 가서 치매 판정과 뇌종양으로 요양보호가 필요하다는 소견서를 받았다.

일주일에 세 번이나 호성동서 평화동까지 다니다 보면 아무것도 집중할 수가 없다. 아직 의료공단의 심사가 남아 있다. 일각이 여삼추라 한시가 급한데. 공단에서는 한 달에 두 번 밖에 심사가 없다고 했다. 12월 초에 있을 다음 심사 때까지 기다려야 한다. 이번 심사에서 3등급에 들지 않으면 억지로라도 모셔오려고 한다. 그때까지 부지런히 어머니께 쫓아다니며 돌보아드려야 한다. 며칠 전에는 어머니가 또 다른 변화를 보이셨다. 그렇게 씻지 않으려 하시더니 이번에는 슬그머니 욕실로 따라 들어오셨다.

"누가 이렇게 잘해 주겠어? 딸이나 된 게 그렇지." 하셨다. 이젠 자기 고집도 못 부리게 된 어머니가 더 측은하다.

진정한 효도란 무엇일까? 어머니의 마음을 편하게 모시는 것이 진정한 효도일 텐데. 내 방식대로 내가 편한 대로 하는 것은 아닐 텐데. 어머니는 당신 집에서 살고 싶어 하시므로 내가 친정집에 들어가 살면 좋을 듯한데, 알면서도 실천하지 못하니 참 답답하다.

어머니가 여행 다니고 싶은 나이에는 여행을 보내 드리고, 맛있는 음식도 사드렸다. 옷과 용돈도 다 드려 봤지만 지금은 그 어떤 것도 필요 없는 때가 되었다. 그저 마음 편하게 지내시게 하는 것 밖에는. 아무래도 결단할 때가 온 것 같다.

완전한 신고식

●

단비에 목말랐던 봄날이 가고 여름이 들어서는가 싶더니, 대지는 날마다 빗물로 목욕한다. 6월 말부터 우리 집 식구가 하나 더 늘었다. 지난 2년 반 동안 치매와 뇌종양에 걸린 어머니께 도시락을 싸 들고 다녔다. 하지만 혼자 계신 탓인지 식사를 하지 않아 적당히 보기 좋던 어머니의 체구가 바짝 말랐다. 어머니는 그래도 미련이 남아 여전히 자기 집만 고수하려 하셨다.

생각 끝에 며느리와 조카가 어머니 댁으로 들어가서 살기로 했다. 두 달 정도 지나자 어머니가 변 실수를 하셔서 모시지 못하겠다며 나에게 모셔가라고 했다. 단순하게 생각했던 노인 모시기가 그리 쉽지만은 않을 거라 생각되었다. 문제는 그 불똥이 전주에 사는 내게로 떨어졌다. 내 생활을 포기하지 않는 한 어머니를 모시는 것은 힘들 거라는 생각이 들어 가족회의를 했다. 형제들은 정신이 좀 있을 때 요양원에 가서 프로그램에 따라 생활하면 상태가 더 좋아진다면서 요양원에 모시자고 했다. 그러나 나는 딸이라 그런지 마음이 내키지 않았다. 어머니는 우리 형제를 낳아 기르며 모든 희생을 다 하셨는데, 우리는 한 분 계신 어머니를 요양원에 보낼 생각을 하고 있으니 참 불효란 생각이 들었다.

어디 나의 어머니뿐이겠는가. 이 땅의 모든 어머니는 자신의 생활을 위해 결코 자기 자식을 보육원에 맡기지 않고 손수 길렀다. 그런데 현대에 사는 우리는 자신의 편의를 위해 부모님들을 요양원이나 병원에 입원시킨다. 물론 부모님 세대와 우리 세대는 모든 면에서 달라졌다는 변명도 해본다. 부모님 세대에서는 아기도 집에서 낳았지만, 우리 세대에선 모두가 병원에서 낳는다. 집 밖에서 죽으면 객사라고 하여 큰일이라도 나는 것처럼 생각했던 시대에서 이젠 병원에서 장례식을 치르는 것이 상식인 세상이다. 이 세상에 태어날 때도 병원, 떠날 때도 병원에서 떠난다면 더 할 말이 없다.

지난 6일은 내가 교회에서 대표기도를 하는 날이었다. 전날 어머니를 요양원에 보내기로 했기 때문인지 내 마음은 착잡하여 제대로 예배를 드릴 수가 없었다. 어머니가 정성 들여 나를 길렀던 하나하나의 기억들이 내 마음을 찔렀다. 눈물이 줄줄 뺨을 타고 흘러내렸다. 잠시라도 불효한 생각을 했던 자책감에 울음 반, 기도 반으로 겨우 기도를 마쳤다. 성경에서도 '네 아버지와 어머니를 공경하라. 이것은 약속이 있는 첫 계명이니, 이로써 네가 잘 되고 땅에서 장수하리라.'(에베소서 6:2-3)고 했다. 나의 어머니는 우리 사남매를 귀찮다고 하지 않고 이렇게 잘 길러 주셨는데, 자식 넷이 어머니 한 분을 모시지 못하는 것이 너무 슬픈 현실이었다.

예배를 드리면서도 내 마음은 오직 어머니 생각뿐이었다. 지난 한 달간의 일들이 내 마음에 스쳐 갔다. 괴산에 사는 큰아들이 모셔간다고 해도 전주에서만 사시던 어머니는 전주를 떠나지 않으시겠단다. 근 70년을 넘게 사셨으니 그럴 만도 할 것이다. 세상 일은 자기 마음대로만 되는 것이 아니다. 어머니가 현실을 아셔야만 하는데 치매란 불치병에 걸린 어머니는 막무가내셨다.

딸인 내 입장으론 어머니가 아들을 따라가셨으면 딱 좋겠다 싶었다. 그럼 앞으로 다가올 일들 때문에 불면증에 걸릴 이유도 없고 유난히 바깥 활동이 많은 내가 머리 아파할 이유도 없지 않은가. 이래도 안 되고 저래도 안 되어 생각은 꼬리를 물고 이어졌다. 밤을 꼬박 새우고 새벽기도회에 가려니 어지럽고 구토가 나와 응급실로 가서 뇌 사진을 찍어보는 소동도 있었다. 어머니가 나의 십자가로 느껴질 만큼 큰 부담으로 다가왔다. 결국 부모공경의 큰 진리 앞에 무릎을 꿇지 않을 수 없었다. '그래. 모시는 데까지 모시자. 시간이 없으면 요양사의 도움이라도 받아 최대한 편히 모시자.' 이런 결심이 들자 내 마음이 한결 가벼워졌다.

주일날은 새벽부터 저녁까지 제일 바쁜 하루다. 저녁에 집에 오면 녹초가 되어 그대로 쉬고 싶어진다. 그런데 어머니가 또 변 실수를 하셨는지 세면대에 초벌 빨래를 해 놓았다. 확실히 치매는 치매인가 보다. 옷을 세탁실에서 빨아야지 세면대에서 빨아 세면기

옆에 변을 묻혀놓기도 했다. 며느리가 두 손 든 것도 이런 이유였던가 보다. 그래도 나는 엄마 피가 흐르는 딸이라 그런지 세탁물을 삶으면서도 그런대로 할 만했다. 이래서 딸은 모시는데 며느리는 못 모실 거라는 생각도 들었다.

노인들은 요양원에 가는 것을 제일 싫어한다. '병원에 가면 잠자는 약을 주어 바보가 된다더라, 절대 약을 먹으면 안 된다. 약을 주면 먹는 체하다가 먹지 마라.' 노인들이 양로당에 모여서 그런 대화를 하는지 어머니도 치매약을 드리면 무슨 약이냐며 꺼리는 눈치였다. 딸이 주는 약도 그러니 며느리가 주는 약은 어땠을까. 약이 예상외로 많이 남아 '제대로 약도 안 드렸나 보네.' 생각했는데 그런 이유였는지도 모르겠다.

드디어 첫 번째 어려운 문제가 터졌다. 지난달부터 세워 놓았던 며칠간의 출타기간 동안 어머니 문제를 어떻게 할 것인지가 걱정이었다. 단기 요양원이 있다기에 복지센터에 상담했다. 사건은 그다음에 일어났다. 어머니께서 '내가 아직은 멀쩡한데 왜 그런 곳에 가야 하느냐, 내 집 놓아두고 왜 딸네 집에 사느냐?'며 한탄하셨다. 어머니는 작은아들의 장모가 있는 요양병원으로 보내달라고 하시면서도 내심은 자식 곁에 있고 싶은 거였다. 이튿날부터 기운이 없어 식사를 못 하겠다며 숟가락을 들지 않으셨다. 응급실에 갔다가 퇴원하고 다음 날 또 영양주사를 맞고, 이런 일만 없어도 모시기가 수월할 것 같았다.

나 혼자서 겁도 나고 금방 무슨 일이 생길 것 같았다. 앞으로 이런 일들이 얼마나 또 기다리고 있을까. 왜 내가 이런 일을 감당해야만 하나? 다시 머리가 깨질 듯이 아팠다. 이 두통은 긴장성 두통이라 약도 없고 근본 문제가 해결되어야 낫는다고 했다. 이렇게 스트레스를 받다가 내가 병들게 생겼다. 하나님은 감당할만한 시험밖에는 주시지 않는다고 했는데 어머니를 잘 모시라고 건강도 주실 거라는 믿음은 있으면서도 또다시 이런 일이 생기면 어떻게 하나 염려가 되었다. 다행히 요양사의 도움을 받아 아직은 잘 모시고 있다.

나는 지금 인생의 세 번째 신고식을 치르고 있다. 그것은 딸의 산후조리를 해주었던 어머니로 입문하는 첫 번째 신고식, 딸로서 어머니의 병간호를 했던 두 번째 신고식, 이젠 어머니를 모시면서 완전한 딸로 들어가는 세 번째 신고식이다. 아마도 어렸을 적 어머니 속을 많이 상하게 했던 응보를 제대로 갚아가고 있는 것 같다. '고통이 없으면 얻는 것도 없다(No pain, no gain.).'는 속담도 있지만 이쯤 되면 한 인간으로 태어나서 해 볼 것은 다 해보는 것이려니 싶다. 완전한 신고식이 가장 길고 힘들지라도 하나님이 힘을 주실 줄 믿고 두려움일랑 벗어 버리고, 피할 수 없으면 즐기라는 말을 위로 삼아 하루하루를 살아가고 있다.

(2014. 7. 22. 어머니를 모시면서.)

너도 내 나이 먹어 봐라

•

생활하다 보면 크고 작은 고마움을 이웃과 나눌 일들이 생긴다. 그럴 때마다 주고받는 정성들, 받은 선물을 당장 쓰는 것도 있지만 다시 선물할 일이 있을 때를 대비해 모아 놓기도 한다. 그러다 보니 창고나 옷장 속, 서랍장, 주방, 수납장에는 자질구레한 것들이 쌓이게 마련이다. 수납장도 제법 많아 살림 잘하는 야무진 주인을 만나면 차분하게 정리될 듯도 한데 내 집은 도무지 쓸모가 없는 집이 됐다. 지금은 쓰지 않는 유화 도구며 서예 도구들, 이젠 한국화 도구들마저 한 자리를 차지했다. 이렇게 된 것도 나름대로 이유는 있다. 이사 올 때는 그래도 손자나 딸이 이런 걸 배우게 되면 새로 사느니 줘도 되겠다 싶어서였다. 하지만 그러기엔 오랜 시간을 기다려야 할 것 같다. 이래서 우리 집엔 이런저런 물건들로 채워져 빈 곳이 차츰차츰 사라지고 있다.

경품행사에서 번호가 나올 때마다 조바심치며 당첨되기를 기다리던 때가 있었다. 하다못해 국수 한 상자라도 타면 얼마나 기뻤던가. 두고두고 먹을 생각에 내 마음은 흐뭇해진다. 그땐 그렇게 기뻤지만 이내 잊어버리고 국수는 그만 유통기한을 넘겨 버린다.

어디 국수뿐이던가. 큰마음 먹고 준비했던 옷들을 옷장에 고이 모셔놓고 특별한 날에만 입어 새 옷이나 진배없는 옷들. 이미 내 몸과는 거리가 먼 옷들도 좁아터진 옷장 속에서 고스란히 어른 대접만 받고 있다. 바자회 때마다 기증해야지 다짐도 하지만, '그래도 입을 날이 있겠지.' 하는 기대감으로 내년을 기약한다. 심지어는 불어난 허리 치수를 늘려 놓고도 입지 않아 그나마 수선비마저도 날아가 버린다.

청주로 시집간 작은딸은 몇 년간은 매주 꼬박꼬박 오더니 손자가 초등학교에 입학하자 뜨막해졌다. 딸은 올 때마다 우리 집이 구저분하다고 느꼈는지 베란다의 물건을 간종그리며 정리를 잘하라고 한마디씩 한다. 원래 간동하지 못한 나는 그렇게라도 마음을 써주는 딸이 고마워 듣고만 있었다.

"엄마! 엄마 물건 저는 하나도 필요 없으니까 엄마 이 세상 떠나기 전에 모두 정리하고 가세요."

드디어 딸이 직격탄을 날렸다. 그리고는 한마디를 덧붙였다.

"엄마도 외할머니 짐 정리를 안 해서 편하셨잖아요?"

하기야 돌아가시기 전 마지막 두 달을 나와 함께 지냈던 어머니의 소지품은 당장 필요한 옷가지와 사진 몇 점이 전부였다. 며느리가 다 정리를 해서다. 팔십사 년 한평생을 살아온 흔적이 고작 20여 장의 사진뿐이라니, 마음 한구석이 서늘해졌다. 그런데도 한편으로는 '어머니 물건이 너무 많아서 보관하기가 힘든 것보다는 낫지 않을까.' 하는 이기심이 솟기도 했다. 그러고 보니 물건 정리를 하라는 딸의 마음이 어느 정도 수긍이 갔다.

지인들에게 딸 이야기를 하자 어떻게 그런 말을 하느냐고 놀란다. 내가 직장생활을 할 때 바쁘다는 핑계로 베란다나 창고 정리는 딸들에게 시키고 그때마다 용돈을 줬다. 그래서 그런 말을 들어도 그다지 기분이 나쁘지는 않았다.

'그렇지 뭐. 내가 죽으면 저희가 좀 애쓰겠지.'

장식물을 좋아하지도 않고 그래서 집안 장식도 하지 않지만 외국 여행 때 때로는 앙증스런 물건을 보면 기념으로 살 때도 있었다. 그런 것들도 바로 장식장에 들어가서 또 한 자리를 차지했다. 그들도 나름대로 다 사연이 있어 나에게는 의미가 있다. 그러나 세대 차가 나고 추억이 공유되지 않은 딸에게는 치워버려야 할 부질없는 물건에 불과하단 말일까? 은근히 섭섭했다. 마음이 편하지 않고 입에 맞지 않은 음식을 먹은 것처럼 부글거렸다. 신앙생활을 하는 난, 죽음에 대해 초월한 편이다. 그렇다고 해도 딸이 나의 죽음 뒤의 생각을 스스럼없이 말하는 데는 교육을 해야 할 필요가 있다고 생각됐다. 우리나라의 전통문화에서는 나이 든 어른이나 부모의 죽음 이야기를 금기시하는 경향이 있다. 내게는 그래도 괜찮지만 시부모나 다른 사람들에게도 그렇게 말할까 봐서다.

방송에서 본 90세를 사신 홍영녀 할머니는 딸이 좋은 옷이나 속옷을 사줘도 입지 않고 그대로 모아둔다고 한다. 언제 죽을지 모르는데 뭐하러 옷을 입어 버려놓느냐는 것이다. 자신보다 이웃을 생각하는 배려라고 짐작은 하면서도, 정작 할머니의 딸은 떨어진 옷만 입는 할머니가 부끄럽고 안타까워서 불만이라고 했다. 나는 그 방송을 보면서 할머니의 마음을 알 것 같았다.

가끔 찾아가는 요양병원에는 찬양곡이 나올 때마다 지휘하는 할머니가 있다. 그녀의 손톱엔 빨간 매니큐어가 칠해져 있었다. 그녀도 좀 더 젊었을 때는 멋쟁이란 말을 많이 들었을 거다. 이젠 살던 집도, 물건도 다 놓고 병원에 한 몸 의지하고 있으니. 이미 체념했을까? 저번 달보다 볼이 더 홀쭉해졌다.

육십 대가 되면 살아온 날보다 떠나갈 날이 더 가깝게 느껴진다. 그렇다고 해도 육십 대 초반 때는 깨닫지 못했었다. 중반이 되니 누가 시키지 않았는데도 저절로 정갈하게 살아야겠다는 생각이 든 것이다. 나도 이젠 쓰레기 그만 만들고 언제 떠나도 나의 빈자리는 아름답게, '공기처럼 깃털처럼' 그렇게 살아가야겠다. 이게 다 나이가 가르치는 것인가. 항상 청결하셨던 나의 어머니가 마지막엔 잘 씻지 않으셨다. 내가 억지로 씻자고 했을 때 하신 말씀이 생각난다.

"너도 내 나이 먹어 봐라."

난 아직 그 나이를 먹지 않았는데도 벌써 나의 딸에게도 이 말을 해주고 싶다. "너도 내 나이 먹어 봐라."

(2016. 3. 15.)

공기처럼 깃털처럼

●

한 사람이 다른 한 사람에게 부담이 된다면, 과연 난 부담을 지우는 사람인가, 아니면 부담을 받는 쪽인가. 이때 사람들 대부분은 남에게 부담이 되지 않으려 하지만 자신의 의도와는 달리 부담을 주는 경우가 있다. 나도 모르게 상대방이 나 때문에 부담을 받고 있다는 것이다. 마찬가지로 남 때문에 부담을 받지 않으려 해도 어쩔 수 없이 부담을 받을 때가 있다.

여기, 남에게는 부담을 주지 않으면서도 자신은 남때문에 부담을 받으며 살아온 한 사람이 있다. 바로 지난 9월 5일 세상을 떠난 나의 어머니다.

어머니는 나의 할아버지 故 이용고 씨와 할머니 故 김두옥 씨 사이에 막내딸로 태어나셨다. 사실 어머니가 떠나심으로 인해 어머니에 대해 너무 모르고 살았음이 후회되었다. 사망신고를 하는 과정에서 외할아버지와 외할머니의 성함도 이제야 알았다. 어머니가 말씀하지 않아서였다. 나의 외할아버지는 첫 부인을 잃고 외할머니와 재혼하셨다. 외할머니는 딸 넷을 낳았다. 첫 부인 사이에서 낳은 아들들과 조카들은 전라남도 장성 일대와 고창 인근까지 소위 천석꾼 집안에서 많은 부를 누리고 고등학문을 익혔다. 막내딸인 어머니는 그 혜택을 누릴 겨를도 없이 지주 집안이라는 이유로 공산군에게 오빠와 조카들까지 멸문지화를 당했다. 나의 외할아버지는 외할머니가 딸만 낳았다고 첩을 들여 아들을 낳았다. 그뒤 외할머니는 아파서 집을 나가셨다. 나의 어머니는 작은엄마의 손에서 자랐으니 어렸을 때부터 설움만 받다가 일찌감치 전주로 나와 아버지와 결혼을 하셨다. 외가는 소설《태백산맥》에서처럼 풍비박산이 되었다.

나의 어머니는 가난한 양반 집안의 외아들과 결혼해 당시 어른들의 남아선호사상 때문에 시어른과 나의 아버지만 섬기면서 2남 2녀를 두었다. 오로지 근검절약으로 알뜰하게 살림을 꾸려 4남매를 교육 시켰다. 어머니의 얘기를 하자면 아버지 얘기를 빼놓을 수가 없다. 이미 고인이 되셨는데 아버지를 흠잡는 것 같지만, 어머니의 깊은 속내를 이해하기 위해 어쩔 수 없다. 아버지는 술과 여자 도박 예능에 능해 이른바 한량이었다. 내가 갓난아이였을 때 아버지가 진안군 성수면 외궁의 지서장이셨는데 집에 오시지를 않더란다. 그래서 어머니가 나를 업고 외궁에 갔더니 사람들이 깜짝 놀랐다고 한다. 이유는 동네 유지의 딸과 혼인날을 받아 놓았으니 놀라는 것은 당연했다.

그 뒤 내가 초등학교 때 아버지가 공무원 시험에 합격했다. 아버지는 도박을 좋아해 한 달 월급은 물론 두 달 것까지 잡혀 한 푼도 가져오지 않았다. 어머니의 속은 그때부터 이미 멍이 들었다. 어머니가 세상을 뜰 때 치매기가 있었는데 아마 너무 애가 타서 치매가 생겼지 않았나 싶다. 아버지와 술은 늘 붙어 다녔다. 나의 청소년 시절은 아버지의 위장약 노루모산을 사러 약국에 다니는 것이 중요한 심부름이었다.

결국 아버지는 위암에 걸려 75세를 일기로 하늘나라로 가셨다. 마지막까지도 어머니께 병구완을 시켜 아버지 영정에서 어머니가 울면서 하는 말씀이 지금도 생각난다.

"이렇게 갈람서 그렇게도 속을 썩였어!"

그 뒷말은 '이 몹쓸 인간아.' 일 텐데 그 말씀까지는 하지 않으셨다.

아버지만 어머니를 괴롭힌 것은 아니다. 나도 한 몫을 더했으니 가난했던 우리 집 형편은 생각하지 않고 내가 하고 싶은 것은 다 하는 성격 때문이었다. 학교에서 육성회비를 내라고 하면 바로 그 이튿날 가져가야 한다며 울었다. 줄 때까지 학교에 가지 않아서 속을 상하게 했다. 또 대학 2학년 때는 변산 해수욕장에 놀러 갈 경비를 달라고 졸라댔다. 견디다 못한 어머니가 "에잇!" 하고 나가시더니 돈을 마련해 줬다. 알고 보니 어머니의 금목걸이를 판 돈이었다. 그 일은 아무리 강조해도 잊을 수가 없어 〈황금 목걸이〉란 수필로 고마움을 고백했다. 그런 돈이었다면 안 갈 수도 있었을 텐데 내가 결혼하고 나서야 그 사실을 알았다. 어머니의 자식 사랑은 누구나 지극하지만 큰 딸인 내게는 특별했다. 아무래도 어머니가 젊었을 때였으니 더 각별했으리라. 고등학교 때까지도 비가 오면 30분 거리의 학교에 꼭 우산을 가져다주셨다. 명절 때 명절옷은 꼭 새 옷으로 준비해 주셨고 도시락 반찬도 정성 들여 싸주셔서 반 친구들은 내가 가난한 집 딸이라는 것을 모를 정도였다.

대학에 다닐 때도 옷과 구두를 꼭 시내의 유명 양장점과 양화점에서 맞췄다. 동생들은 줄줄이 학교에 다니고 있었는데 그 고충은 얼마나 컸으랴. 지금 이 글을 쓰노라니 철없는 딸의 용돈을 대느라 종종거리던 어머니의 마음이 느껴져 절로 눈물이 나온다. 장례 치를 때도 그렇게 울지 않았는데 지금은 통곡이 나온다. 어머니의 일생이 너무 가여워서…….

옛말에 '부모 복이 없으면 남편 복도 없고 자식 복도 없다.'는 말이 어느 정도 일리는 있는 것 같지만, 어머니의 말년엔 그래도 웃음꽃이 피었다. 자식들이 다 장성하여 직장생활을 잘하고, 막내딸은 네덜란드에 살고 있어 유럽 여행도 자주 시켜드렸다. 또 막내딸 집에서 몇 달씩 살면서 호강도 하셨다. 또 여행을 좋아하는 나와 함께 중국, 일본, 필리핀 등 가까운 동남아 지역을 많이 돌아다녔다. 어머니는 낙천적인 성격이라 지인들과 국내는 물론 외국 나들이도 자주 하셨다. 이번에 어머니가 다니시던 교회에 인사하러 갔는데 어머니가 친구들에게 17개국을 돌아다녔다고 자랑하셨다는 말을 들었다.

늘 자신보다 가족을 먼저 생각하고 이웃을 배려하셨던 나의 어머니. 자신의 집에서 혼자 사시고 싶었지만 결국 마지막 두 달을 나와 함께 지내시면서 내 집이 어머니 집인 줄 알고 평안하게 사셨던 어머니. 그래도 추석 명절은 아들 집에서 지내야 한다고 잘 다녀오겠다며 손 흔들고 떠났던 어머니. 그 길이 마지막 길이 될 줄이야. 아침진지 잘 드시고 그대로 주무시다 가신 나의 어머니. 자신은 평생을 부담을 갖고 사셨으면서도 이웃에게만은, 심지어 자식에게도 부담을 주지 않고 떠나가신 어머니. 어머니를 병원에 모시고 다니면서 '내 인생은 이렇게 어머니께 점점 묶여가는구나.' 생각했을 즈음에 그대로 떠나신 나의 어머니. 어머니 것까지 세 컵의 콩물을 갈다가 두 컵만 가는 홀가분함이 오히려 죄스럽다.

어디서 날아왔는지 바람결에 깃털 하나가 살포시 날아와 이리저리 휘돌다가 먼 하늘로 스르르 사라진다. 마치 공기처럼 깃털처럼 주위 사람에게 아무런 부담을 지우지 않고 홀연히 떠나신 나의 어머니처럼.

바닷가의 단상

•

"철썩, 좌르르르……."

파도는 그것밖에 할 일이 없다는 듯 무심히 밀려왔다 밀려갔다. 사범학교를 막 졸업했는지도 모를 단발머리 선생님은 여덟 살배기 제자를 데리고 변산 바닷가로 석굴을 따러 갔다. 어떤 사람이 밀물이 들어오는지도 모르고 정신없이 석굴을 따다가 죽었다는 스산한 소문도 굴을 따는 순간만은 먼 얘기일 뿐이었다. 새끼칼로 굴을 따서 입속에 넣었다. 석굴은 너무 작아 입 근처에 닿기도 전에 빨려들어갔다. 달콤 짭조름한 바다 내음이 혀 속에서 녹았다. 가끔씩 이렇게 선생님과 나는 석굴을 따러 갔다.

아버지의 직장을 따라 살았던 일 년 간의 변산 생활은 지금도 늘 내 머릿속에 숨었다가 잠 안 오는 밤이면 되살아나곤 했다. 어쩌다 변산 해변 길을 지날 때 내 눈길은 나도 모르게 여기가 거긴가 가능하지만 몇십 년이 지난 세월이 그대로 놓아둘 리가 없었다. 비록 눈에 보이는 모습은 변했어도 내 마음속엔 콜타르를 칠한 그 초등학교와 아스라한 파도 소리는 늘 귓가에 맴돌았다.

'라떼는 말이야'라는 말이 유행어처럼 쓰이고 있다. 마찬가지로 우리의 대학시절에는 통기타를 매고 여행하던 시절이 있었다. 내 친구와 나는 대학을 졸업하고 첫 여름방학 때 남해에서 부산으로, 대전 계룡산까지 한반도의 반을 도는 통 큰 여행을 준비하였다. 여럿이 가야 짐도 나누어 지고 피로가 덜한데 단둘이 배낭에 취사도구며 기타까지 매고 여행을 시작했으니. 둘이 티격태격하면서 남해의 상주 바닷가에서 하룻밤을 묵었다. 밤에 기타를 가지고 모래밭에 자리를 잡고 노래를 불렀다.

"조개 껍질 묶어 그녀의 목에 걸고."

"긴- 머리 짧은 치마 아름다운 그녀를 보면."

이때 서울에서 왔음직한 남학생들 예닐곱 명의 동아리 대표가 합세하자는 제안을 했다. 그 남학생들도 여학생과 동석하는 게 좋을 성싶었나 보다. 지금 생각하면 위험하지 않을까 염려될 수도 있었는데 당시는 그만큼 건전했다. 캠프 화이어의 불빛 앞에서 같이 노래 부르며 상주 바닷가는 그렇게 무르익어 갔다. 이튿날 부산행 크루즈를 타고 아름다운 한려수도에 몸을 맡겼다.

우리 애들이 어렸을 때 강원도 강릉 부근 바닷가에서 친구네와 텐트를 치고 하룻밤 머물렀다. 그때도 젊은이들은 바닷가에서 기타를 치고 노래 부르는 일이 일상이었다. 십오륙 년의 세월밖에 지나지 않았는데도 시끄러워서 잠을 못 자겠다는 말이 나왔으니 참 시간이 사람을 그렇게 변화시키는 것이 신기했다. 그래도 아이들은 모래찜을 하며 즐거워했다.

끼룩끼룩 갈매기가 날고 둥~ 뱃고동을 울릴 법한 커다란 배들이 정박해 있는 해변 귀퉁이에 작은 모래밭을 발견하자 손녀들이 앞다투어 소리를 질러댔다. 거기서 놀고 싶다는 거다. 여섯 살을 중심으로 위아래 고만고만한 손녀들이 모래밭에서 놀이를 하고 있었다. 예전엔 다들 그런 놀이를 하고 놀았지만 요즈음 아이들은 차라리 핸드폰을 갖고 놀았으면 놀았지 그런 흙놀이를 하고 노는 것을 좀처럼 볼 수가 없다. 더구나 이곳 미국 땅에선. 뙤약볕 아래서 모래성을 쌓는 놀이를 하는 게 무척 더웠을 텐데, 아이들에겐 무더위도 아랑곳없었다. 홍건하게 젖은 귀밑머리에서 땀방울이 조르르 흘러내렸다. 나는 초등학교 교과서에 나왔던 〈두꺼비집〉 전래동요를 가르쳐 주었다.

"두꺼비집이 여물까 까치집이 여물까~. 까치가 밟아도 탄~탄, 황소가 밟아도 탄~탄."

얼마 전 미국의 독립기념일을 맞이하여 부산 해운대에서 미군들이 마스크도 쓰지 않은 채 폭죽놀이를 하여 코로나 확진자가 많이 나왔다고 한다. 우리 질병 본부에서도 해변에서 마스크를 쓰고 있으라고 했다. 그럼 해변에서 마스크를 쓰고 있다가 바닷물에 들어갈 때는 마스크는 어디에 두고 가나? 답답하다. 미국 마이애미 해변의 확진자 발생 수는 어마어마하다.

지금 우리는 코로나 시대의 역사를 걸어가고 있다. SF 영화에서나 보았던 일들이 현실로 다가왔다. 방호복을 입고 산소마스크를 쓴 모습과 거리에서 마스크를 쓴 모습. 모두 더 이상 낯설지 않고 자연스럽다. 유치원 아이들도 마스크 쓰기를 처음엔 갑갑해하고 못 견뎌하더니 하루종일 쓰고 있어도 견딜 만한지 잠잠하단다. 이 유치원 어린이들처럼 우리도 조용히 견디어 나가야만 한다. 코로나 시대에 접어든 지 몇 달밖에 지나지 않았는데 벌써 바닷가의 추억이 기억의 한 페이지로 자리 잡고 있다. 언젠가는 현실로 돌아올 때를 기대하며 잠시 바닷가의 단상에 잠겨본다.

브루클린 다리 너머의 사랑

•

길게 뻗은 몸뚱이에서는 푸른 광채가 뿜어져 나온다. 옆으로 누인 부드러운 곡선은 수많은 사람을 끌어들일 만한 가치가 충분하다. 너도나도 그곳을 정복하려고 걷고 또 걷는다. 심지어 세 살배기 아기까지도 예외는 아니다. 유모차를 타고 대열에 낀다. 그 너머엔 맨해튼의 밤하늘을 수놓은 인공 별빛이 내 눈을 놓아주지 않는다. 해님이 빌딩 뒤로 서서히 숨어버리면 셔터를 눌러대는 사람들의 활기로 이스트 강 언저리는 다시 한 번 생기가 돈는다. 사람들은 시간마다 변화하는 모습을 담느라 분주하다. 밤하늘이 어둠에 흠뻑 취해버리면 평범했던 브루클린은 특별한 옷을 입는다. 빌딩 숲 사이의 검은 하늘과 영롱한 불빛은 환상적인 조화를 이루어 사람들의 시선을 사로잡는다. 창문마다 쏟아져 나오는 빛의 행렬로 브루클린의 밤은 날마다 축제다. 이래서 브루클린 다리가 많은 사람의 입에 오르내렸음을 실감한다. 아이스크림 집도, 피자집도 덩달아 춤을 춘다. 요즈음엔 한술 더 떠 유명하다던 쉑쉑버거까지 우리를 줄 세운다.

아이가 셋인 큰딸을 도와주려고 몇 해 전부터 미국에서 석 달씩 지내다 왔다. 한국에 있으면 다른 은퇴자와 마찬가지로 여유로울 테지만, 딸을 생각하는 친정엄마의 마음은 자청해서 그곳으로 달려가곤 했다. 이번에는 네덜란드에 사는 동생이 조카를 데리고 왔다. 동생 가족과 나는 2박 3일의 뉴욕 여행을 계획했다. 딸이 뉴저지에 살 땐 기차를 타고 여러 번 뉴욕에 갔었지만, 이곳 워싱턴에선 5시간 거리라 여간해선 엄두를 못 냈다. 하지만 이번엔 동생이 왔으니 용기를 내서 감행했다.

뉴욕에 사는 친구는 갈 때마다 나를 재워주고 안내해 주었는데 이번엔 대식구라 호텔 신세를 졌다. 말이 호텔이지 거의 여관 수준이다. 그래도 뉴욕이라고 값은 톡톡했다. 초등학교부터 대학까지 동창인 친구와는 격이 없어 해마다 도맡아 안내를 해줬다. 친구는 강산이 두 번이나 바뀔 만큼 뉴욕 생활을 해오던 터라 내가 가고 싶은 곳만 말해주면 알아서 척척 데려다 줬다.

미국 방문이 처음인 동생은 911현장에 가보고 싶어 했다. 친구와 나는 항상 지하철을 이용하는데, 힘들게 계단을 오르고 내려 정거장에 도착했다. 그런데 이게 웬일인가. 그날따라 운행을 안 한다는 × 표시가 나왔다. 우리를 안내한 친구는 제 잘못이라도 되는 양 난감해했다. 그날은 무슨 특별한 사연이 있는지 가는 곳마다 운행 중단이 많았다. 서너 번 반복하자 우리는 녹초가 됐다. 가까스로 비행기 폭파로 다시 지은 세계무역센터(One World Trade Center)를 관람하고 이번엔 브루클린 다리에 가보기로 했다. 그 다리는 야경이 아름다워서 뉴욕을 방문하는 사람들은 꼭 가본다는 곳이다. 무역센터에서 두어 정거장 거린데 이미 우리 여력은 갈 수가 없는 상태였다.

택시까지 타고 가서 브루클린 다리 근교에서 해 질 무렵을 기다렸다. 햄버거로 저녁을 대신한 뒤 친구가 잠깐 어디를 다녀온다고 기다리고 있으란다. 우리는 엄마 잃은 어린아이처럼 친구를 기다렸다. 한참이 지나도 친구는 오지 않았다. 동생은 제 딸을 데리고 사진을 찍으러 가서 없고, 난 친구와의 약속을 지켜야 하니 식당을 떠날 수도 없었다. 그런데 그 식당은 유명한 곳이라 오래 있을 수도 없었다. 할 수 없이 식당 앞에 쭈그리고 앉아 있었다. 도대체 친구는 어디를 갔을까? 다리를 절룩거리며 나타난 친구는 돌아갈 지하철을 확인하러 사전 답사를 하고 왔단다. 참, 친구의 우정이 이런 것인가! 지칠 대로 지친 우리는 더는 걷기가 힘들었는데 거기다 사전 답사까지 했으니. 아무리 친구라지만 미안했다.

브루클린 다리의 멋진 야경은 진정 좋은 추억이었는데 이번엔 돌아갈 일이 문제였다. 친구는 이미 확인했던 터라 자신 있게 지하철역으로 안내했다. 그런데 막상 갔더니 입구에 또 ×표시가 있지 않은가. 친구는 역이 있는 것만 확인하고 운행 여부는 확인하지 않고 돌아왔던 거였다. 낭패다. 약 3㎞ 정도 걸어가야 다음 역이 나오는데 어찌해야 하나? 이때 동생이 브루클린 다리 위를 걸어가자고 했다. 캄캄한 밤에 한 줄기의 빛이 비출 때의 기쁨처럼 우리는 한마음이 되었다. 사실 브루클린 다리 위를 걷는 것은 대부분 사람이 이 여행 코스를 체험해 보고 싶어 한다. 몇 년 전 그곳에 갔을 땐 손녀가 어려서 못 했었는데 마침 잘된 일이었다. 우리는 피곤한 것도 다 잊어버리고 벌써 몸은 다리 쪽으로 올라갔다.

미국인의 자존심을 내걸어 더 높아진 세계무역센터의 탑은 어느 방향에서 보아도 다 보일 수 있도록 우뚝 솟아 있었다. 시내를 가로질러 반대편에선 엠파이어 스테이트의 아름다운 불빛이 반짝거렸다. 뉴욕의 야경은 세계무역센터와 엠파이어 빌딩이 양축을 이루었다. 폭파범들이 뉴욕의 밤하늘을 바꿔놓았다. 다리 하나 건너는 것이 뭐 그리 힘들까, 단순히 생각했던 우리는 발걸음이 점점 느려졌다. 가도 가도 끝이 나오지 않았다. 알고 보니 다리 자체의 길이는 1㎞가 조금 넘는다는데 아래에서부터 걸은 거리는 훨씬 먼 거리여서 그날 우리가 걸었던 거리는 어림잡아 11㎞나 되었다. 정말 대단한 역사다.

이스트 강은 물살이 세어서 강 중간에 기둥을 세우지 않는 다리로 건설해야만 했다. 몇십 명의 희생자를 내긴 했어도 약 백 년 전 당시에는 세계에서 가장 긴 현수교였다고 한다. 브루클린은 예나 지금이나 서민층이 많이 산다. 노동자들은 맨해튼의 빌딩을 지을 때 날마다 이 다리 위를 걸어서 출퇴근했다. 오직 가족을 먹여 살리기 위한 노동자의 지친 발걸음은 관광객에게 색다른 여행의 즐거움을 안겨주었다.

지하철은 24시간 운행하지만, 버스는 12시가 넘으면 한 시간에 한 대꼴이라는데 우리는 간신히 마지막 차를 타고 호텔에 도착했다. 냄새나고 허름해서 찝찝했던 호텔 방도 하루 동안 정들어서인지 내 집에 온 것처럼 포근했다. 여행의 피로에서 힘들고 긴 하루였지만, 오히려 내 입에서는 노래 한 곡이 흘러나왔다.

> '그대가 자신을 잃어버리고/ 거리를 방황할 때나/ 견디기 힘든 밤이 올 때/ 당신의 짐을 받아주고/ 편히 쉬게 하리다/ 어둠이 밀려와 불안해할 때/ 험한 세상의 다리와 같이 나를 당신께 바치리다/
>
> — 사이먼과 가펑클의 〈험한 세상의 다리가 되어〉 가사 중에서

학창 시절 친구끼리 캠핑하러 갔을 때 피곤하여 곯아떨어진 우리를 위해 따뜻한 아침밥을 준비해줬던 친구. 자기 몸을 돌보기보다는 친구를 위해 수고를 아끼지 않았던 친구. 미국 방문 때마다 바쁜 직장생활 중에도 시간을 내어 아픈 다리를 끌며 안내를 해줬던 친구. 이번에도 호텔 음식이 좋지 않다며 김치찌개와 오곡밥, 후식까지 살뜰하게 챙겨왔던 친구. 절뚝거리면서도 호텔까지 따라와 끝까지 함께 해준 친구가 있어 브루클린 다리는 험한 세상을 비춰주는 불빛처럼 더욱 환히 빛나고 있었다.

차라리 한 송이 꽃이어라

●

웃는 것도, 찡그린 것도 아닌 어정쩡한 표정의 나를 본다. 여행의 즐거움에 들떠 활짝 웃는 순간을 남기고 싶은데 표정은 이내 숙연해진다. 근 삼천 명이 찰나에 유명을 달리한 이곳에서. 수많은 사람의 눈물일까. 사방의 벽에서는 끊임없이 물줄기가 흘러내린다. 물론 쏴 내뿜는 폭포수는 아니다. 감추려 해도 마음속 깊은 곳에서부터 솟아 나오는 고통의 몸짓이다. 흘러도 흘러도 가시지 않는 애통의 눈물이다. 여기서는 사진을 찍는다는 것 자체도 분에 지나친 것 같다. 조심스럽다. 하물며 웃기까지야. 못 할 일이다.

이곳은 '그라운드 제로' 기념관. 비행기 두 대가 뉴욕의 세계무역센터를 향해 돌진했다. 마치 핵탄두를 맞은 듯 쌍둥이 빌딩이 시커먼 연기를 날리며 맥없이 무너져 내렸던 장면은 아직도 내게 각인되어 있다. 세계는 놀랐고 당시 대통령이던 부시는 보복으로 아프가니스탄 전쟁을 일으켰다. 하늘 높이 치솟던 미국인의 자존심은 큰 상처를 입었다. 사망자 말고도 칠천여 명의 부상자와 가족들. 그들의 슬픔은 누구도 대신하거나 위로할 수 없었을 것이다. 충격 속에 벌써 열여섯 해가 지나갔다. 상처는 새로운 힘이 되어 두 빌딩이 있던 자리는 영원히 잊지 않을 땅, '그라운드 제로'로 바뀌었다. 이가 뽑힌 자리에 구멍만 남듯이 빌딩 사이로 두 개의 뻥 뚫린 검은 구덩이가 처참하다. 애달픈 눈물들이 블랙홀처럼 빨려 들어간다.

사방의 벽 둘레엔 사망자의 이름이 하나하나 새겨져 있다. 데이비드, 리사, 게리……. 끝도 없이 빼곡히 씌어있다. 새겨진 이름 위에 꽃다발 하나가 정결하게 놓여있다. 결혼기념일이 되어 배우자가 생각나서일까? 아니면 꽃다운 나이에 세상을 떠난 아들의 생일을 기념하고 싶었는지. 어쩌면 일찍 떠난 어머니를 그리는 꽃인지도 모른다. 그가 누구이건 꽃다발 주인의 애절하면서도 쓸쓸한 마음이 그대로 전해진다.

세계무역센터(One World Trade Center)는 '그라운드 제로' 옆에 미국서 제일 높은 빌딩으로 거듭났다. 지금까지도 보복은 꼬리에 꼬리를 물고 멈추지 않고 있다. 그런데도 평화를 상징한 듯, 아니면 아무 까닭도 없이 사라진 이들에 대한 위로의 뜻인지 온통 하얀색이 눈부시다. 빌딩 지하는 거대한 비둘기가 순백의 날갯짓을 하는 듯해 경이롭다. 마치 딴 세상에 온 것 같다. 너무 높고 커서 그저 입만 딱 벌어진다. 저마다 한 컷에 남겨보려 하지만 한눈에 들어오지 않는다.

눈물의 자리가 관광지가 되어 세 자릿수 가격의 가방과 옷을 파는 가게들이 즐비하다. 어둠 속에서도 사방 어느 방향에서도 한눈에 뜨일 수 있도록 꼭대기의 불빛은 도도하게 빛나고 있다. '봐라 테러범들아. 너희가 폭파하면 우리는 더 높게 더 넓게 더 화려하게 다시 시작한다.' 악다물고 큰소리치는 미국인들의 목소리가 들리는 듯해 씁쓸하다. '오른뺨을 치거든 왼뺨도 돌려대라.'는 예수님의 정신은 사라지고 '눈에는 눈, 이에는 이' 식의 모세의 율법으로 바뀐다. 그런 마음들이 모여 언제 어디로 튈지 모르는 대통령이 당선된 건 아닐까 생각해본다. 미국인들은 그가 부르짖는 '위대한 아메리카'에 실낱같은 희망을 걸어 포용력도, 아량과 배려도 다 눈감아 버렸는지도 모르겠다. 지금도 새 대통령은 상식과는 거리가 먼 행동들로 세계인들을 불편하게 하고 있다. 힘없는 이들은 자기에게 불똥이 튈까 봐 마음을 졸이고 있다.

화란에 사는 여동생은 이번 미국행이 처음이다. 동생은 '그라운드 제로'를 보고 싶어 했다. 그녀는 사진을 찍어 전화기에 담는 것을 즐긴다. 동생은 언제 찍었는지 스마트폰에 그 꽃다발을 남겨 놓았다. 사진을 처음 보았을 땐 지나쳐버렸는데 오늘따라 그 꽃이 생각났다. 동생에게 사진을 보내 달라고 했다. 꽃은 미국에서 화란으로 또다시 한국으로 날아왔다.

한순간에 잿더미로 사라진 영령들이여. 엄마에게 전화하다가 "엄마, 비행기가 나에게 날아와!"라는 말로 마지막을 고했던 어떤 딸이여. 최후의 순간에도 아내에게 전화해 "사랑해. 고마워."라고 고백하며 아름다운 이별을 했던 어느 멋진 남편이여. 차라리 한 송이 꽃이 되어 언제까지나 사랑하는 이의 곁에 머물러 다오. 꽃은 피었다가 시들지라도 또 다른 꽃이 피어나서 남은 이들이 이 땅의 꽃을 보며 잠시라도 소망을 둘 수 있도록. 그래서 원망과 보복으로 물든 이 땅을 사랑으로 덮어 약한 자와 함께했던 '위대한 아메리카'로 세상을 비춰 주어라. 너희가 있는 한, 더는 억울한 이들의 한숨 소리가 없고 약하다고 포기하는 사람이 없어지리라. 더 이상 강한 이들이 힘으로 누르는 일은 일어나지 않으리.

다시 한번 꽃을 바라본다. 꽃은 쉽게 내 눈을 놓아주지 않는다.

원이 엄마의 편지

●

1998년 안동시 정상동 택지개발지구에서 주인 없는 무덤을 이장하다가 한 통의 편지가 발굴되었다. 편지뿐만 아니라 원이 엄마의 치마와 원이가 입었던 저고리 의복 40벌, 원이 엄마의 남편 고성 이씨 이응태가 부친과 주고받았던 편지들이 발굴되었다. 또한 원이 엄마의 머리카락과 삼으로 꼬아 만든 미투리 한 켤레도 나왔다. 그 미투리는 420년의 세월에도 변함없이 모양과 색이 선명해서 오히려 섬뜩할 정도였다. 이 편지는 발굴되자마자 사회에 큰 반향을 일으켰다. 2007년 《내셔널 지오그래픽》 11월 호에 소개되었고, 2009년에는 국제고고학 잡지 《앤티쿼티》의 표지 논문으로 실리기도 했다. 한국판 〈사랑과 영혼〉이라고도 했다.

신문 지상이나 방송에서 이 소식을 접했을 때 원이 엄마가 편지를 쓰게 된 사연을 더 자세히 알고 싶었다.

원이 엄마는 31세로 세상을 떠난 남편을 그리워하며 원이와 또 뱃속의 아이와 함께 남겨진 슬픔을 한지에 써서 관속에 넣었다. 당시는 종이가 귀한 시절이어서 여백까지 빼곡히 적어 넣은 편지 사진을 보니 사연 하나하나가 참으로 절절함을 느끼게 했다. 또한 〈자내〉라는 말은 오늘날 〈자네〉라는 말처럼 남편이 아내나 아랫사람에게 하는 말이 아니라 부부간에 동등하게 썼다고 한다. 그러니까 원이 엄마는 남편과 동등한 대접을 받았고 원이 아버지가 부친과 주고받은 편지로 보아 처가살이를 했을 것으로 연구사들은 짐작했다. 임진왜란 이전에는 딸에게도 재산을 나누어주어 처가살이는 흉이 아니었다고 한다. 아마도 전쟁 뒤에 남자가 귀해지자 시가 살이가 더 강조되지 않았나 생각되었다.

'자내 늘 나에게 이르기를 둘이 머리 세도록 살다가 함께 죽자 하시더니 어찌하여 나를 두고 자내 먼저 가시는고. 나하고 자식하고 누굴 의지하며 어떻게 살라고 다 버리고 자내 먼저 가시는고. (중략)…….'

결혼식을 생각하면 '검은 머리가 파뿌리가 되도록'이란 말을 많이 생각하게 된다. 그만큼 남녀가 만나 한 가정을 이루어 백년해로하기를 원해서 그런 말이 생겼을 것이다. 하지만 마음대로 되지 않는 것이 우리의 삶이 아닌가. 원이 엄마도 30대의 새파란 나이에 홀로 되리라고는 꿈에도 생각하지 않았으리라. 더구나 뱃속에는 원이 동생이 태동하고 있었으니 그 슬픔은 말로 표현해서 무엇 하리요.

> '이내 편지 보시고 내 꿈에 찬찬히 와 이르소. 내 꿈에서 편지 보시고 한 말 자세히 듣고자 하여 이리 써넣네. (중략)……. 자내 밴 자식 나거든 보고 할 말 이르고 그리 가시면 밴 자식 태어나면 누구를 아비 하라 하시는고. (중략)…….'

원이 엄마의 슬픔 중에서도 가장 큰 슬픔은 아버지도 없이 태어날 원이 동생에 대한 처절한 슬픔이었다. 그 마음은 꿈속에라도 만나보고 싶다는 말로 잘 표현되고 있다. 여기에 편지를 써서 관에 넣은 이유가 드러나 있다. 그리운 사람을 현실에서 만날 수 없으니 꿈 속에선들 만나고 싶지 않겠는가?

> '이런 천지 아늑한 일이 하늘 아래 또 있을까? 자내는 한갓 그리 가실 뿐이거니와 아무리 한들 내 속같이 서러울까? (중략)…….'

원이 엄마는 남편은 먼저 갔어도 이 세상에서 일어나는 일을 모르고 있을 것이니 남아서 자식들 기르며 고생할 자신 같지는 않을 거라고 한탄한다. 원이 엄마의 막막한 마음을 그대로 표현하고 있다. 이 부분에서 나의 마음도 원이 엄마의 슬픔에 동화되어 눈가가 촉촉해진다.

부부 중 한 사람이 먼저 떠난 뒤, 남은 사람이 새 출발 해서 잘 살 때 '죽은 사람만 불쌍하다'는 말들을 많이 한다. 원이 엄마는 이와는 반대로 먼저 세상을 뜬 남편은 아무 것도 모르고 편히 잠들어 있을 것이나 자신은 어떻게 할 것인지를 염려하며 무너지는 마음을 하소연한다.

원이 엄마는 남편과 지냈던 행복한 시절을 떠올리며 더욱 지금의 현실이 받아들여지지 않고 그만 꿈이었으면 하고 바랐으리라. 행복 지수가 높으면 반대의 결과에 더욱 슬픔도 클 것이기에. 이를 다음과 같이 회상하며 차라리 자신도 같이 데려다 달라고 울부짖는 마음을 글로 대신한다.

'자내더러 내 이르길 한데 누워서 이 보소 남도 우리 같이 서로 어여삐 여겨 사랑하리. 남도 우리 같은가 하고 자내더러 일렀는데 어찌 그런 일을 생각지 아니하고 나를 버리고 먼저 가시는고?' 이에 안동대학교 임세권 교수가 현대어로 풀어 쓴 글을 보면 우리 모두가 공감하지 않을 수 없다.

"여보 다른 사람들도 우리처럼 서로 어여삐 여기며 사랑할까요? 남들도 정말 우리 같을까요? 어찌 그런 일을 생각하지도 않고 나를 버리고 먼저 가시는가요?"

남자와 여자가 서로 만나 부부의 인연을 맺어 행복하게 살다가 비슷한 시기에 이 세상을 떠난다면, 그것은 모든 사람의 바람일 것이다. 그러나 어쩔 수 없이 떠난 자와 남겨진 자가 될 때 과연 어떤 태도가 바람직할까?

임종봉사자 활동을 하던 분의 말이 생각난다. 의학적으로 죽었다고 판정을 받은 사람도 영혼은 30분 정도 이 세상에 더 머물러 주변에서 일어나는 소리를 다 들을 수 있다고 한다. 남은 자가 울부짖으며 '나는 어떻게 하라고?…….'라는 식으로 말하면 떠나는 자는 더욱 마음이 아파 이 세상을 편히 떠나지 못한다고 한다.

"당신을 만나서 행복했어요. 남은 자식들은 제가 잘 기를 테니 염려 말아요. 마음 편히 잘 가세요."라고 말해주는 것이 가장 좋다고 한다. 그러나 자기 본위로 생각하는 우리기에 떠나는 이의 마음을 헤아리기보다는 남겨진 슬픔이 더 크게 느껴지지 않을까? 알면서도 그렇게 하기는 쉽지 않을 것 같다.

원이 엄마의 편지는 이런 보통 아낙네의 마음을 세세히 표현하고 있어서 읽는 이의 마음에 더 애잔한 감동을 주는지도 모른다.

• 안동대학교 박물관 소장 조규복 학예연구사. 안동대학교 임세권 교수 풀어쓴 글 참조.

단장斷腸의 슬픔

〈애절양哀絶陽〉이란 말을 들어보았는가? 나도 신문을 보기 전까지는 한 번도 들어 본 일이 없는 생소한 말이었다.

때는 조선 순조 3년(1803년) 정조의 총애를 받던 정약용은 정조가 죽자, 전남 강진으로 유배되었다.

"갈밭마을 어떤 여인이 아이를 낳았는데 3일 만에 군적에 오르게 되어 이정이 군보 명목으로 소를 끌고 가버렸다. 여인의 남편은 '내가 이것 때문에 곤욕을 치른다.'며 칼을 갈아 자기 양경(남자 생식기)을 잘라 버렸다. 여인은 피가 뚝뚝 떨어지는 남편의 양경을 주워 들고 관청에 가서 눈물로 하소연하였다. 당시 소는 그 농부의 전 재산이었다. 이런 소를 끌고 갔으니 여인은 당연히 절실할 수밖에 없었다. 관리는 도리어 호통을 쳐서 쫓아 버렸다고 한다."

정약용은 이 말을 듣고 〈애절양哀絕陽〉이란 시를 지어 양반 사회를 비판했다.

"노전소부곡성장(蘆田少婦哭聲長)

노전마을 젊은 아낙 그칠 줄 모르는 통곡 소리로 첫 문장이 시작된다. 이어서 '싸움터에 간 지아비가 못 돌아올 수는 있어도

자고미문남절양(自古未聞男絕陽)

남자가 그걸 자른 건 들어본 일이 없다네.'라며 슬퍼한다. 중반부에 가면,

민건거세량역척(閩囝去勢良亦慽)

민땅 자식들 거세한 것 그도 역시 슬픈 일인데,

생생지리천소여(生生之理天所予)

'자식 낳고 사는 이치 하늘이 준 바이고.' 라며 자연의 이치를 들어 반박한다. 끝부분에서는, 양반들은 1년 내내 풍류나 즐기면서 낟알 한 톨 바치는 일이 없다며 백성 차별에 대한 정부의 시책을 비판한다. 마지막 시 한 구절은 백성을 사랑하는 정약용의 마음을 잘 표현하고 있다.

객창중송시구편(客窓重誦鳲鳩篇)

객창에서 거듭거듭 시구 편을 외워보네."

아침 식사를 하고 커피 한 잔을 마시며 여유로운 하루를 시작하는 중이었다. 무심코 신문을 펼쳤더니 정약용에 대한 기사가 보

였다. 바로 〈애절양〉이라는 시였다. 한 번도 듣지도 보지도 못한 이야기였다. 나의 머릿속에는 온통 그 여인의 애절한 모습이 어른거렸다. 절통한 사연을 하소연하려고 관가에 가던 여인의 마음이 내게 그대로 전해졌다. '단장斷腸의 슬픔'이라는 중국 고사가 생각났다.

'중국 동진 때의 환온이 촉나라를 공격하기 위해 장강의 삼협을 지날 때, 병사가 장난삼아 원숭이 새끼를 잡아 배를 탔다. 이때, 어미 원숭이가 강변으로 백여 리를 쫓아오면서 울부짖었다고 한다. 배가 협곡으로 들어서자 그만 배로 뛰어들더니 헐떡거리다가 죽고 말았다. 병사들이 원숭이 배를 갈라보니 창자가 마디마디 끊어져 있었다.'

하여 단장斷腸이라고 했던 그 단장의 슬픔에 비유될까? 말할 줄 모르는 짐승까지도 그럴진대, 하물며 사람이니 어떻겠는가. 억장이 무너진다 해도 다 표현되지 못할 성싶다. 가련한 여인을 생각하다가 느닷없이 화가 치밀었다. 소를 되돌려달라고 울부짖으며 하소연하는 여인에게 이정은 오히려 윽박지르며 쫓아버렸다니, 힘없는 백성은 그렇게 당하고만 살아야 하는 것인가? 더구나 양반들은 세금을 한 푼도 내지 않으면서 낳은 지 삼 일밖에 안 된 아기에 대한 세금으로 소를 끌고 갔다니, 기가 막힌다. 그런 갓난이에게 군대에 가지 않는 대신 세금을 내라고 했다는 것도 믿어지지 않았다. 요즈음 같으면 1인 시위라도 하고 인터넷에라도 호소했을 테지만, 참으로 안타깝기 그지없다. 어디 그 시절만 그랬던가? 요즘도 분신자살하는 이들이나 부자 감세 등 억울한 사연을 많이 듣는다. 예나 지금이나 불합리한 정책은 여전히 사라지지 않고 있다. 정약용도 나와 같은 마음에서 그런 시를 썼으리라. 정약용 자신이 높은 관직에 있었더라면 그런 관리를 처벌했을 것이다. 하지만 그도 유배 중인 몸이니 어쩔 수 없어 시라도 지어 애도했으리라.

〈애절양〉은 내가 이제까지 알고 있던 인물, 정약용에 대해 다시 생각해보는 계기가 되었다. 정약용은 알다시피 정조의 오른팔로 왕이 수원 화성을 쌓을 때 거중기를 창안하여 축조했다. 또 토지를 국유화하여 공동으로 농사를 지어 농민들이 일한 만큼 분배해 주자는 '여전제'라는 정책을 내놓았다. 이스라엘의 집단농장보다 훨씬 앞선 정책이라 생각된다. 물론 양반들이 좋아할 리 없었다. '경제유표'라는 책을 지어 경제제도도 혁신적으로 개혁하였다. 목민심서를 비롯하여 그의 저서는 530권에 달해 유네스코 기념 인물로 선정되었다고 한다. 이는 프랑스의 장 자크 루소와 클로드 드뷔시, 독일의 헤르만 헤세와 함께 나란히 어깨를 겨누었다. 더구나 동양인으로서는 유일한 존재라니, 나까지 어깨가 올라가는 것 같다.

정조가 5년을 더 살아 정약용과 함께 좋은 정책을 펼쳤더라면 아마도 우리나라는 지금쯤 세계의 강대국이 되었을지도 모르는데……. 이렇게 훌륭한 정약용이 자기 뜻을 펼치지 못하고 정치의 희생물로 인생의 후반기를 유배 생활로 결국 생을 마감했다. 정약용 어른을 생각하니 내 마음 또한 서서히 단장의 슬픔에 빠져들고 있다.

- 애절양 시의 내용, 단장의 유래: 인터넷 다음 참조
- 정약용 기사: 중앙일보 백성호 기자 기사 참조

제4부 —— 그 바람 때문에

윤효숙 作, **순수시대**, 한국 채색화, 45cm×57cm

순수시대

남녀가 그윽이 눈을 맞춘다. 잠깐의 시간이 흐른다. 이어 신체 접촉으로 이어진다. 영화나 드라마에서 예사롭게 볼 수 있는 장면이다. 외국의 어느 여배우는 영화 촬영을 할 때마다 남자 주인공과 사랑에 빠져 굵직한 영화 한 편을 촬영하고 나면 애인도 바뀐다는 말을 들었다. 우리나라에서도 심심찮게 그런 소식이 들리고 있다. 예전만 해도 영화에서나 나오는 장면들이 지금은 온 국민이 다 보는 저녁 시간에도 스스럼없다.

결혼예식을 할 때, 예식이 끝나고 주례자가 신랑과 신부의 팔을 끼워주는 결혼식의 모습은 이젠 어디에서도 볼 수가 없다. 신랑 신부가 맞절을 한 뒤부터 처음부터 팔짱을 끼고 예식을 끝낸다. 작은딸이 결혼식을 할 때 나는 미리부터 팔을 끼지 말라고 당부를 했다. 그랬더니 딸이 팔을 끼지 않자 사위가 끼려고 했다. 딸은 끼지 않으려고 사위의 팔을 뿌리치는 우스운 일도 벌어졌다. 이것은 나 혼자만의 생각이라 아무도 이런 것에 관심 두는 사람은 없다. 신부의 아버지는 딸의 손을 잡고 식장에 들어가 사위에게 보내주는 예식의 순서에 부담을 느끼면서도 신부 아버지만의 특권을 은근히 기대한다. 그러나 요즈음은 이런 순서마저도 생략하고 신랑과 신부가 처음부터 팔짱을 끼고 당당히 들어가는 경우도 있다.

우리가 결혼식을 떠올릴 때 '딴 따다단~' 하던 입장 음악도 대중 가수가 부르는 요란한 음악에 묻혀 좀처럼 들을 수가 없다. 식이 끝날 때도 으레 듣던 멘델스존의 〈축혼 행진곡〉은 듣기 어려워졌다. 물론 서양음악보다는 좀 더 그들에게 익숙한 음악으로, 자기 식으로 하고 싶다는 생각을 이해는 하면서도 조금은 아련하고 아쉽다. 엄숙하고 진지한 마음으로 시작해야 할 가정의 첫 출발이 시장 속같이 시끌벅적하고 너무 가볍게 변하는 것 같아서다.

성경에 나오는 인물 마리아와 요셉이 결혼하여 살았던 나사렛 마을에 가면 마리아의 집터에 '마리아 수태고지 교회'가 있다. 이곳에서 예수의 어머니 마리아가 처녀의 몸으로 아기를 낳아야 할 것을 천사 가브리엘에게서 들었다고 하여 후대의 기독교인들이 기념하고 있다. 지붕은 백합꽃 모양으로 되어있다. 백합이 순결을 상징하는 것은 꽃말에서 유래되었지만, 교회 건축으로까지 이어진 것은 꽤 의미가 있다. 나팔 모양의 여섯 개 꽃잎을 받치기에는 벅찰 것 같은 가녀린 꽃대는 처녀의 몸으로 잉태한 마리아의 고난과 수모를 느끼게 한다.

요즈음은 순수의 의미가 자꾸 퇴색해지는 것 같아 안타깝다. 이것은 육체의 순결만이 아니라 정신적 순결도 마찬가지다. 육체냐 정신이냐의 문제라기보다 순수성의 문제다. 〈별들의 고향〉 소설의 주인공 경아는 결혼도 몇 번 했고 직업도 호스티스였다. 그런데도 티 없이 맑고 순수한 성품은 당시 소녀들의 마음을 사로잡았다. 소녀들은 경아가 남자 주인공과 맺어져 행복했으면 하는 바람으로 영화를 보았다. 작가는 경아가 환경에 의해 어쩔 수 없이 육체의 순결은 잃었지만 단 한 번의 사랑에 생명까지도 건 그녀가 순수하다고 말하고 싶었으리라. 그녀가 순수함을 끝까지 지키려다 세상의 무게에 짓눌려 어쩔 수 없이 죽어가는 마지막 장면에 많은 이들이 눈물을 흘렸다.

또 다른 인물로 사마리아의 여인 이야기다. 그녀는 남편이 다섯이나 있었고 현재의 남편도 남편이 아니라 동거하고 있었다. 중동의 날씨 특성상 사람들은 한낮을 피하고 시원한 저녁때에 활동을 했다. 떳떳하지 못한 그녀는 사람들의 시선을 피해 낮에 물을 구하러 왔다. 유대인들은 사마리아 사람들을 개 취급을 하며 상대도 하지 않았지만, 예수님은 그녀에게 물을 달라고 했다. 편견 없이 대하는 예수님을 만나 그녀는 영혼의 목마름을 해결 받았다. 진리를 향한 그녀의 순수한 간구를 예수님은 있는 그대로 받아 주었다.

또 한 사람, 간음하다가 들킨 여인에게 예수님은 '죄 없는 자가 돌로 치라' 하고 '다시는 죄를 짓지 말라'며 용서했다. 예수님은 그녀의 순수한 영혼을 바라본 것이다. 이렇게 예수님은 모든 사람을 품어 주었다.

방송에서는 폭력과 음란, 인간비하의 사건 소식이 쉴 새 없이 흘러나온다. 구멍 난 배가 서서히 가라앉듯 우리의 마음도 점점 오염되고 무디어진다. '미 투'운동으로 가볍게 생각하고 쉽게 무너져 버린 순수와 도덕이 새롭게 부각되고 있다. 이제라도 꽁꽁 싸매어 뒀던 진실들이 밝혀지고 상처받은 이들의 상처가 아물어져 가는 것 같아 마음이 놓인다. '이 정도는 괜찮겠지.' 하고 나쁜 것이 나쁜 것인 줄도 모르고 저질러진 일에 대해 회한의 나날을 지내고 있는 이들도 많을 것이다. 그들에게 황순원의 〈소나기〉와 같은 사랑의 순수성을 회복하라고 하면 나만의 억지라고 해야 할까? 우리 세대는 저물어가고 우리 2세들이 더 이상의 피해자나 가해자가 되지 않도록 교육을 더 잘 시켜야 함을 절실히 깨닫는다. 나와 가족 주변 사람들이 순수함을 지키되, 그렇지 못한 사람까지도 품을 수 있는 작은 움직임이 나비의 날갯짓처럼 퍼져 나갔으면 좋겠다.

(2018. 5. 18.)

고갯길

●

사람이 살다 보면 굽이굽이 넘기 힘든 고개가 있다. 내겐 십 년 전 육십 고개를 넘을 때가 가장 힘들었다. 생일을 맞기 한 달 전 횡단보도를 건너오다 좌회전하던 차에 발목을 다쳐 그해 가을은 오로지 발목을 치료하느라 씨름했다. 말이 3주지 퇴원해서도 걸음을 걷지 못했고 쑤시고 아픈 다리를 이끌며 건지산 산책도 처음엔 반까지만 걷고 차츰 늘려나갔다. 가까스로 걷기가 편해졌을 때쯤 미국에 사는 큰딸이 둘째를 출산하는데 시어머니가 못 오신다고 걱정을 하였다. 자식이 무엇인지. 회복되지도 않은 다리를 끌고 미국까지 건너가서 딸의 산후조리를 해주었다.

그땐 도우미 쓸 줄도 모르고 그렇게 해야만 하는 줄 알고 설거지할 때도 의자를 놓고 요리할 때도 앉아서 모든 과정을 준비했다. 저녁때는 다리가 마비되어 통나무를 끌고 다니는 느낌이었다.

그런 증세가 오면 모든 것을 쉬고 다시 힘을 내서 했다. 결국 병이 나서 부랴부랴 도우미를 수소문하여 도움을 받았다. 그러나 그녀도 사흘 만에 두 손 들고 가버렸다. 그도 그럴 것이 위로 15개월 된 손녀가 있으니 그녀도 힘들었으리라.

딸이 아기를 낳으러 갔던 사흘 동안이 가장 큰 고비였다. 병원서 미역국을 안 주니 딸이 먹을 음식 장만과 손녀 돌보기에 지쳤다. 급기야 손님이 왔는데도 소파에 벌렁 누워 손님 접대도 못 할 지경에 이르렀다. 그나마 손녀는 내가 일하느라 놀아주지 않자 뽀로통하더니 울면서 밖으로 나가 버렸다. 내 인생 최대의 힘든 상황이었다. 친정어머니의 의무를 다하려고 그렇게 무모하게 육십 고개를 넘었다.

올해는 내가 칠십 고개를 넘는 해이다. 일 년 전부터 가족들에게 올해가 칠순이라고 노래를 불러 두 딸에게 선물과 용돈도 다 받았다. 칠순 기념으로 가족 여행 계획을 세웠지만, 코로나 때문에 별 도리없이 포기했다. 이번엔 남편에게 질병이 찾아왔다. 남편이 수술하고 집에서 요양을 했다. 삼시 세끼를 준비하는데 이것은 산후 조리하는 때와 똑같았다. 아기 목욕만 시키지 않았지. 조리도구를 꺼내느라 엎드렸다 일어났다를 반복하니 고질병인 허리 병이 도졌다. 제 2의 고난이 시작됐다.

십여 년 전부터 무릎이 좋지 않아 거실에 자전거 타기 운동기구를 놓고 TV를 보며 운동하곤 했다. 무심코 그 옆을 지나가다가 새끼발가락을 찧어 버렸다. 처음엔 아팠지만 대수롭지 않게 생각하고 건지산 산책도 하고 모임도 다녀왔다. 집에 와서 보니 보랏빛으로 멍이 들고 발등까지 부어올랐다. 발가락에 금이 갔단다. 금 간 것이 더 오래 간다고 의사는 물론이요 듣는 이마다 조언했다. 의사는 한 발자국도 딛지 말라고 했다. 그럼 어떻게 활동하느냐고 했더니 다 방법이 있다고 한다. 집에 와서 회전의자를 휠체어 삼아 이리저리 밀고 다녔더니 나름대로 할 수는 있지만 거북이걸음이다.

이달 스무날은 내 생일이다. 단순한 생일이 아닌 칠순 기념일이다. 남편과 나는 그동안 고마웠던 우리 교회 목장 목원들과 목회자님들을 모시고 식사 대접을 하고 싶었다. 하지만 깁스를 하고서는 안 될 것 같아 할 수 없이 그것마저 취소했다. 칠십 년 만에 한 번 온 기념일인데. 날 낳아준 부모님 산소에 가서 분향하고 딸이 사는 청주에 가서 식사하고 오기로 한 것도 목발을 디뎌야 하는 상황이라 올해만 음력으로 미루기로 했다.

정작 내 생일이 돌아왔다. 하루 전 교인들이 케이크와 선물을 보내왔다. 곰곰이 생각해보니 내가 나가지 않고 중화요리를 불러 대접하면 될 것 같아 번개팅을 소집했다. 목원들에게 대접도 하고 싶고 남편과만 둘이서 생일을 맞기는 쓸쓸한 감도 있을 것 같아서였다. 남편은 나름대로 나를 생각한다고 하지만 세심한 면은 없다. 난 옆구리를 찔러서라도 꽃다발 하나쯤은 받고 싶었다. 꽃다발은 며칠 못 갈 것 같아 양란 화분을 주문했다. 문구는 '사랑 하오.'와 '고맙소 남편이' 내가 듣고 싶은 단어를 생각해서 남편에게 어떻게 생각하느냐고 물었더니 좋단다. 인터넷뱅킹도 내가 하고 기획, 제작, 연출 모두 내가 했다.

대나무는 가늘고 길어서 몸을 지탱하기가 어렵다. 하지만 마디가 있어서 버틸 수가 있지 않을까? 비록 바람이 불면 이리저리 흔들릴지언정 부러지지 않고 서 있을 수가 있는 것 같다. 백 세를 넘게 살았다는 어느 철학자는 인생 중 육십 대에서 칠십 대가 가장 좋았다고 말했다지만 나의 인생에서는 오십 대에서 지금까지가 가장 황금기였다는 생각이 든다. 그때 신앙생활도 열심히 할 수 있었고 자녀들 다 출가시켜 손자 손녀를 다섯이나 두어 남편과 둘이 만나 열한 명의 가족을 이루었으니 말이다. 지금은 고개를 넘느라 땀을 뻘뻘 흘리고 있지만 어느덧 정상에 서면 불어오는 바람도 상쾌하게 느끼리라.

한줄기 바람 되어

그것은 한줄기 바람이었다. 겨우내 말라있던 마른 잎 밟는 소리에 놀란 솔바람은 강기슭을 타고 둔덕을 넘었다. 이윽고 조선 천지는 바람의 물결에 뒤덮였다. 조정에서는 바람을 잠재우고자 서학인들을 색출하기에 이르렀다. 정조대왕 시절에 시작된 신해박해가 몇 대의 왕을 거치면서까지 이어졌다.

소설 〈최후의 만찬〉 첫 페이지는 '신해년 시월'로 시작된다. 천주교도인 윤지충과 그의 외사촌 권상연의 최조와 죽음. 그가 처형된 곳은 전주 땅 지금의 전동성당이 들어선 자리였다. 조상의 신주를 불태우고 제사를 거부했다는 죄목이었다. 이백삼십여 년이 지난 지금까지도 가정의 제사는 연중 가장 큰 의례로 지켜진다. 하물며 신해년 그해는 더 말해 무엇하리. 조정에서는 백성들의 기강을 바로잡는 다는 이유로 천주교 박해를 시작했다.

정조와 정약용들이 새롭게 열어가고 싶은 나라는 노론의 비선 실세가 사라지고 허균의 이야기 속에 나오는 율도와 같은 한 단계 높은 이상적인 나라였다. 여기에는 이보다 이백여 년 앞서 정여립이 '천하는 공물'이라는 '대동사상'의 기보가 깔려 있다고 할까. 천주 아래 모든 사람이 평등하다는 생각은 노비와 하층민에게는 충분히 받아들이기 쉬운 사상이었다. 억압받고 고통 받는 자들은 그렇다 치더라도 누리고 살던 사대부들도 천주학을 받아들인 것은 개혁하고 싶은 신지식인들의 바람이었다. 당시 조선의 상황 속에서 개혁을 이루고자 하는 실학과 서학은 비밀스럽게 퍼져나갔다.

레오나르도 다빈치에 대해서는 그의 작품이나 예술성과 삶 등이 진정 예술가다운 열정이 있어 평소에 관심이 많았다. 나는 소설 《최후의 만찬》이 레오나르도 다빈치의 미술 작품 그 〈최후의 만찬〉 대한 이야기인지 알고 싶었다. 제목만 보아도 나의 마음을 사로잡기에 충분했다. 지난해 소설《최후의 만찬》으로 혼불문학상 대상을 받은 서철원 작가는 레오나르도 다빈치의 〈최후의 만찬〉 작품에서 동기를 끌어냈다.

이 소설은 정조시대를 배경으로 단순히 신해박해나 천주교인의 순교 이야기만 다룬 것이 아니라 당시 정치 문화 사상 등 다양한 주제를 방대하게 다룬 소설이었다. 아버지 사도세자의 죽음 앞에서 어찌할 수 없는 나약함을 평생의 한으로 가슴에 안고 살아야 했던 정조대왕. 동병상련의 슬픔을 겪었던 창덕궁 내의원 김혁수. 사도세자가 죽을 때 가까이 있었다는 이유만으로 노론에 의해

세자익위사의 관직을 박탈당하고 의금부 지하에 강금당했던 박해무. 그는 감옥에서 탈출하여 떠돌이 두목이 된다. 어침장 김순, 춤과 노래에 뛰어난 이하임, 정약용과 도향의 만남. 김홍도와 장영실 등 다양한 인물의 군상들을 소설가 특유의 상상력으로 밀도 있게 그려 나갔다.

세계 10대 창조의 인물 중에 1위는 레오나르도 다빈치라는 보고서를 본 일이 있다. 그는 과학, 인문 모든 영역에서 1위였다. 창조의 인물 중에 정작 과학자들보다는 문인들이 반 이상을 차지한 걸 보고 놀랐다. 그만큼 머릿속으로 모든 것을 창조한다는 것을 알 수 있었다. 서철원 작가는 역사적인 사실에 독특한 상상력으로 과거의 인물들을 자신의 작품 속으로 끌어올렸다. 장영실과 레오나르도 다빈치의 만남. 장영실이 다빈치보다 거의 백 년이나 앞선 시대의 인물이지만 작가는 동시대의 인물로 엮어 장영실을 다빈치의 작품 속에 모델로까지 등장시킨다. 오직 소설가만이 누릴 수 있는 창조의 세계가 아니겠는가.

김홍도는 〈최후의 만찬〉 미술품에 대해 정조에게 보고한다. 이때 김홍도는 장영실이 관노 출신이며 레오나르도 다빈치는 사생아라는 것을 아뢴다. 둘 다 채식 위주의 생활을 했다는 것과 장영실은 명나라와 조선을 오고 간 것, 다빈치가 피렌체와 밀라노를 오간 것을 정조에게 보고한다. 그래서 작가는 장영실이 이태리로 건너가 다빈치와 조우했을 수도 있다는 것을 설득력있게 펼쳐나간다.

작가는 선조 때의 인물 정여립을 언급한다. '천하는 공물' 이라는 정여립의 사상을 '하나님 아래 모두가 평등'이라는 사상과 동일시 한 것이 아닌가 생각된다. 정여립이 열고 싶은 세상이 받아들여졌다면 우리 민족은 좀 더 앞선 나라가 됐을 것이라고 주장하는 이들도 있다. 동시대의 인물로 정약용과 임금과의 대화 속에서 정조가 정약용을 아끼고 신뢰했음을 보여준다. 박지원과의 교류를 통해 당시 사상을 엿볼 수 있었다. 정약용과 도향과의 사랑은 자칫 역사소설로서 지루하지 않도록 양념을 넣어 읽을거리에 맛을 더해주었다.

여수의 천주교 신자로 순교당한 여인의 아들 도몽은 복수를 꿈꾸고 박해무에 합류한다. 그의 누이 도향은 가야금과 대금 등 기예에 뛰어나 정약용이 정악원에 입단 시킨다. 도향의 진리를 향한 갈구는 연암을 만나게 되고 연암의 북학 사상은 서학과는 다른 평행선을 그음에도 불구하고 박지원의 신념에서 서학의 그림자를 발견한다.

"어둠 속에 떠오른 한 줄기 빛이 모두를 평등케 하는 신의 가호가 되지 않을는지요?" 도향은 이 말에서 천주교에서 말하는 평등과 자유를 나름대로 해석했다. '평등할 수 없음으로 평등하리라.'는 소망은 말 그대로 소망이며 염원이었다. 철저한 신분과 계급사회에서 '평등과 자유'라는 말이 얼마나 우리 백성들의 마음을 붙잡았을 것인가? 눌리면 눌릴수록 어두우면 어두울수록 자유와 빛에 대한 소망은 더욱 커졌으리라. 결국 도향도 그 염원을 좇아 한 떨기 꽃잎으로 바람결에 사라져갔다.

천주교도들을 처형하고 그 시체를 해부하기까지 하는 만행들이 나온다. 천주교 박해의 이야기를 많이 들었지만 이렇게 시신을 훼손하고 이념의 칼로 육신을 가르는 일들이 있었다는 것에 몸서리쳐진다. 해미읍성에 가면 사람을 굴비 엮듯이 묶어 돌을 얹어 웅덩이에 수장시켰던 '진둠벙'이란 성지가 있다. 또한 포졸들이 끝까지 배교하지 않는 천주교인들의 사지를 들고 바위에 메어쳐서 죽였다. 그 피가 바위에 절여져 지금도 물을 뿌리면 시커먼 핏물이 베어 나오는 것을 보았다.

김학수의 누이는 고문 끝에 한 쪽 눈을 잃은 서학인에게 자기 눈을 주고 싶었다. 고문으로 혀가 잘린 아낙을 보고는 자신의 혀를 주고 싶었다. 이 대목에서 내 가슴이 먹먹하고 눈가에 이슬이 맺혔다. 그리스도의 사랑을 그대로 실천하고 싶어하는 그녀를 보고 오빠 김혁수는 누이의 눈동자에 차오른 애처로움에 손끝이 떨린다고 했다. 내 마음 또한 같이 떨리며 무너져 내렸다. 당시 서학을 받아들었던 천주교인들은 이처럼 말과 행동을 같이 하여 실천했음을 보고 이기심에 굳어버린 돌덩이 같은 내 마음을 돌아보았다.

작가는 '프리메이슨'이라는 단체를 언급하는데 북학자 홍대용의 입을 빌려 정조에게 알린다. 그들이 마음먹은 대로 이 세상을 이끌어 나간다는 전설처럼 떠도는 이야기를 펼친다. 여기서 나는 미국의 대통령도 이 단체가 뽑는 사람이 된다는 풍문으로 들은 이야기가 생각났다.

작가는 '카메라 옵스큐라'라는 일종의 카메라의 전신 기구를 소개한다. 정약용은 이것으로 '생의 희비 '에서 《최후의 만찬》 소설의 절정을 기록으로 남긴다. 전인수는 정육품의 정악원 통솔자였다. 가야금 연주자들에게 왼손으로 연주하는 변음이라는 음악이 있는데 죽은 자의 영혼을 끌어올린다는 속설이 있다는 것이다. 도향은 변음을 연주하는 능력이 있었다. 정약용이 관심을 보이자 전인수는 도향의 목숨을 걸고 비밀로 해야 한다고 말한다. 그만큼 금기시되는 음이다.

대궐의 향기를 회복하고 흉흉해진 민심을 돌리려고 임금은 나라의 어른들을 초대해 궁중 연향을 베푼다. 연향이 무르익었을 때 배손학, 김혁수, 김순, 박해무, 이하임, 도몽은 가면을 쓰고 검무를 추며 때를 기다린다. 그 검무는 도향의 가야금 변음연주로 숨고를 새 없이 긴박감이 고조된다. 이 변음은 열 걸음 안에서 죽은 자들이 돌아와서 산자의 영혼을 데려간다는 가야금의 음이다. 이 연주를 들으며 임금은 그토록 갈망하던 사라진 향기를 느낀다. 드디어 그들을 옥죄고 있던 어두운 그림자가 떨어져 나갔다. 죽음을 각오한 도향의 변음 연주는 그녀의 손에서 불길이 되어 두려움이 사라지고 향기를 불러왔다. 세상의 악취를 밀어내고 선으로 물든 깨끗한 향기를 내보내려 한 도향의 사투는 이렇게 마무리되었다.

카메라를 통해 이 모든 광경을 찍어내던 약용은 눈물을 흘리며 도향의 마지막 울음을 보았다. 여섯 외인은 더럽고 추한 세상의 냄새를 제거하고 싶어 했지만 내금위에 의해 모두 목숨을 잃고 만다. 카메라 옵스큐라를 들여다보는 약용의 눈에 임금을 중심으로 우측에 김종수, 김상철, 박우원, 김용겸, 김억, 박제가 등 여섯 명의 신하가 앉았고 좌측에 여섯 외인이 가면을 쓰고 앉아있었다. 13인의 표정은 제각기 달랐다. 마치 예수의 좌우편 제자들의 표정이 각각이듯이. 예수의 얼굴에 임금의 얼굴이 겹쳐졌다. 가룟 유다로부터 배신당한 예수의 얼굴을 보고 임금도 같은 최후를 맞이할 것 같은 불안감에 약용은 두려워한다. 이 무도회가 끝난 뒤, 수라간에서는 최고의 음식 맛이 살아나고 임금은 향기가 날 때마다 맛을 찾아가리라는 가능성을 보았다.

우리 삶에 누군가의 희생이 있는 어떤 사건이 있을 때 저절로 변화가 일어난다. 당시 서학인들이 흘린 피로 서서히 조선인들의 의식이 변화되었다. 이백여 년이 지나 조선 땅에 기독교라는 종교가 들어오는 밑거름이 되었다. 그들이 흘린 순교의 피 때문에 병원과 학교로 조선인들에게 더욱 친근하게 다가올 수 있었다. 서학은 피라고 생각했던 것들이 서학은 사랑이라고 느껴지게 되었다. 이전에 흘렸던 서학인의 피가 〈최후의 만찬〉 중앙에 있는 예수님의 피로 온 세상의 향기가 살아나고 맛을 살려냈다.

소설의 첫 부분부터 간간이 등장하는 사헌부 감찰어사 최무영이라는 인물은 임금께 천주교도들을 시해하는 전 부분에 대해 보고하는 인물이다. 《벤허》의 저자 루이스 월리스는 하나님에 대해 더 자세히 알고 싶어서 성경을 탐독하다가 불후의 명작을 남겼다고 한다. 이 책에는 나오지 않았지만 천주교도들의 순교를 보면서 아마 그도 천주교도가 되지 않았을까 상상해 보았다. 작가는 최무영과 임금의 대화 속에서 하나님은 과거와 현재 내일도 동일하게 계신다는, '어제도 계시고 오늘도 게시며 내일도 계실' 기독교의 시간관을 말하고 있다. 내가 평소에 생각했던 이론들을 이 책을 통해 발견했을 때 한 가닥의 빛을 발견한 것처럼 탄성이 나왔다.

이 책을 읽으면서 작가는 왜 제목을 〈최후의 만찬〉이라고 했을까. 예수의 제자들이 모두 순교했고 외인 여섯도 모두 순교했기 때문일까. 기독교도인 축구 선수가 꼴을 넣었을 때 자신도 모르게 무릎을 꿇고 기도하는 장면을 본 일이 있었다. 방송대상 시상식을 할 때 특정한 종교성이 있는 말을 금지했음에도 수상자는 "이 모든 영광을 하나님께 돌립니다."라고 소감을 밝히는 이들을 보았다. 이들에게도 선진들이 흘렸던 순교의 피가 면면히 이어지고 작가의 몸속에까지 이어지지 않았나 생각해 본다.

여섯 외인의 저승 가는 길을 묘사함으로 소설은 끝을 맺는다. 그들은 죽음으로서 자유를 찾았고 정여립 또한 반역과 불충의 오해를 벗고 편안할 수 있었다. 이 부분은 어느 영화에서 본 마지막 장면을 연상케 했다. 영화 〈삼백〉의 마지막 장면처럼 모두 죽어서 슬프고 허전했지만 그래서 여운이 남는 소설이었다.

봄비가 부슬부슬 내려 온 대지를 적실 때 나뭇가지 끝에서부터 불어오는 새벽바람은 겨우내 움츠러지고 무디어진 투박한 나무에 움을 틔우고 꽃봉오리를 터트린다. 산수유가 터지고 눈이 시리도록 고운 홍매화가 봄내음을 풍긴다. 아지랑이 사이 산벚꽃은 천사의 옷자락으로 나부끼고 연둣빛 새순 사이로 한 줄기 바람이 휘돌아 지나간다.

동상이몽

●

〈I〉

며칠 전에 집에서 운동기구에 발가락을 찧었다. 당시에는 아팠지만, 시간이 지나자 차츰 나아졌다. 대수롭지 않게 생각하여 건지산 산책도 하고 모임도 다녀왔다. 집에 와서 보니 새끼발가락이 보랏빛으로 멍이 들고 발등까지 부어올랐다. 새끼발가락 뼈에 금이 갔단다. 가장 작은 지체라고 생각했는데 그것도 고장이 나니 깁스를 하여 활동하는데 여간 불편한 것이 아니었다. 별수 없이 집에서 또 자가 격리를 하게 됐다. 이번엔 상황이 더 나빠졌다. 저번 자가 격리 때는 밖에 나가지만 못했지 집안에서는 자유로웠는데 이번엔 집안에서조차 자유롭지 못하니, 요즈음엔 '설상가상'이란 말이 항상 나를 따라다니는 느낌이다.

이십여 년 전에 교통사고가 나서 회전의자를 휠체어 삼아 다니던 생각이 났다. 그때 스스로 한 발자국을 떼는 것이 얼마나 소중한지 이미 경험했었다. 병원에 입원하고 퇴원을 앞둔 어느 날, 마침 교회서 중요한 행사를 준비하고 있었다. 성가대를 가장 큰 봉사라 생각하며 한 번 빠지면 큰일이라도 나는 줄 알고 있던 터라 몇 주일 성가대 활동을 하지 못해 내 머릿속엔 오직 그 생각뿐이었다. 지하에 있는 성가대연습실에서 연습을 하고 본당으로 올라갈 수 있겠는지가 큰 관심사였다. 먼저 실험을 해보기로 했다. 병원 계단을 한 발자국씩 걸어 올라갔다가 내려왔을 때의 기쁨에 나도 모르게 눈물을 흘리며 감사했다. 그 눈물은 감동과 기쁨의 눈물이었다. 병원 미화원 아주머니는 내가 다리가 아파 슬퍼서 흘리는 절망의 눈물로 생각했나보다.

"내 몸 아프면 나만 손해여. 남편도 필요 없고 자식도 필요 없어."

〈II〉

그땐 결혼반지가 없었다. 전주에 막 이사를 와 전북대학교 앞 철도용지에 주택을 직접 건축하여 행복에 취했다. 어느 날, 시어머니는 시골에서 특별히 대문도 잠그지 않고 살았었기에 지나가던 사람이 집 구경을 하자고 해서 보여주었다. 어머니는 인심도 후한 권사님이어서 집을 보여주는 것을 어렵지 않게 생각하셨다. 도둑은 우리 집이 각방 출입문에 잠금쇠가 없다는 것을 사전답사로 파악

했나 보다. 주방을 통해 안방으로 들어와서 내 핸드백과 남편의 바지 주머니의 현금까지 또 패물까지 몽땅 가져갔다. 아예 아무 방해도 없는 주방에서 핸드백을 뒤져 현금만 가져갔다. 아마도 그날 도둑은 수입이 짭짤하다고 생각했을 거다. 평소에는 패물을 분산시켜 놓았는데 이사한 지 한 달밖에 안 되어 그것까지는 생각하지 못했다.

전주역 옆에 대형마트가 생겨 남편 직장 본사에서 지은 것이라 남편은 매상을 올려줄 마음으로 마트 안 금방에서 다이아몬드 반지를 맞추어 주었다. 몇 년 동안을 결혼반지도 없이 생활하다가 내 손에서 번쩍거리는 반지를 볼 때마다 뿌듯한 마음이었다. 이때 〈쉰들러리스트〉 영화에서 "이 금 만년필 하나면 더 많은 이들의 생명을 구했을 텐데."라는 주인공의 마지막 대사가 생각났다. 나도 기독교인으로서 기본 양심에 찔리는 마음이 있었다. 즉시 "하나님 아버지 주님을 믿으면서도 육신의 정욕에 끌리는 저를 불쌍히 여기시옵소서. 기념으로 한 반지니 살아생전 끼다가 주님 곁에 가는 날 하나님께 바치고 가겠습니다."라는 기도가 나왔다.

내가 환갑을 맞이하던 해, 남편은 삼 년 동안 적금을 들어 이번엔 목걸이를 선물해 주었다. 남편 왈,

"당신 이 세상 떠날 때는 큰딸 하나, 작은딸 하나 기념으로 물려줘."

〈III〉

작은딸은 이십 대에 결혼했지만, 큰딸은 삼십 대가 될 때까지 적당한 짝을 만나지 못했다. 딸이 서른 살에 접어들자 내 맘이 급해졌다. 지인이 딸의 결혼을 위해 금식기도를 한다는 말을 듣고 나도 딸을 위해 금식기도를 하리라고 마음먹었다. 부흥회 때 목사님들이 자녀의 결혼을 위해서도 미리미리 기도하라는 말을 듣고 대학을 졸업할 즈음부터 늘 기도를 해왔다. '믿음과 능력과 좋은 성품과 서로 사랑하는 전문직을 가진 청년'을 만나게 해달라고 기도했다. 그해 12월, 딸이 같은 교회 전도사를 집에 데려왔다. 내가 기도한 전문직이란 세상 사람들이 흔히 말하는 의사나 교수 등을 뜻했는데 하나님은 전도사를 만나게 해주셨다. 전도사도 '사'자는 들어가니 할 말이 없었다.

성탄절 칸타타가 울려 퍼지고 있었다. 삼십 대에 교통사고를 당해 의사였던 남편을 잃고 딸 둘을 홀로 키우고 있는 몸집도 가냘픈 집사님이 〈마리아의 노래〉를 불렀다. 처녀의 몸으로 예수님을 잉태하여 낳아야 한다는 천사의 말에 '주의 여종이오니 말씀대로 내게 이루어지이다.'라고 고백하는 대목이다. 마리아가 처녀의 몸으로 잉태한다니 두렵고 가기 싫은 길이었을 것이다. 가녀린 집사님의 아리아는 마리아의 마음이 되어 내 맘에 그대로 파고들었다. 초등학교 3학년 때부터 바이올린 레슨을 시켜 음대 졸업 후 유학을 다녀온 뒤 대학에서 후진을 양성하던 딸, 하나님이 달라시면

드려야 하지 않겠는가? 마리아의 고백은 나의 고백이 되고 말았다. 나도 모르게 성가대 의자에 엎드리며 흐느꼈다. 나의 세속적인 욕망이 날아가는 순간이었다.

내 옆의 권사님이 말했다.

"참 젊은 나이에……. 장하고도 짠해. 응?"

그 바람 때문에

•

잿빛 하늘에 떠다니는 구름 조각 하나. 마침내 뭉게구름 되어 온 하늘을 덮는다. 솜털 구름은 털쌘 구름과 짝하여 쌘비구름에게 빗줄기 하나 더 심어준다. 이때쯤이면 가뭄에 목말라하던 대지는 촉촉한 눈망울로 반짝이고 숲속의 나무들은 기쁨의 춤사위로 일렁인다. 여기까지만이면 얼마나 좋으랴. 성난 비바람은 이에 만족하지 않고 뒤이어 찾아온 태풍에 암질러 무방비한 들녘을 할퀴고 부숴버린다. 습습하게 불어왔던 산들바람은 거센 태풍이 되어 남김없이 온 땅을 쓸어버린다.

재난 영화에서나 볼 수 있는 장면들이 해마다 여름철이면 어김없이 찾아온다. 태풍이 지나간 자리는 처참하게 무너져 피해를 본 이들은 자연 앞에 한없이 무력한 존재임을 느낄 뿐이다. 자동차가 비틀거릴 정도의 강한 바람을 맞은 적이 있었다. 어떤 아파트는 거실 창문도 주저앉아 오래된 집들은 물에 적신 신문지를 붙여 놓으라는 등 TV에서는 연일 안내 방송을 해주었다. 광주에 다녀오는 고속도로 길옆에 쓰러진 나무가 나를 덮칠 것만 같은 두려움에 마음 졸였다. 바람과 씨름하며 집까지 무사히 도착했을 때 안도감이 컸다.

내 삶의 노정에도 이런 태풍이 한 번씩 지나갔었다. 길다면 길고 아직은 더 경험할 일들이 많은 시작 단계인지는 모르지만 지난 한 해는 그동안 경험하지 못했던 일들이 많이 일어났다. 그중 가장 큰 사건은 남편에게 찾아온 질병이었다. 지난 여름, 남편의 질병을 알고 나서 당황한 나머지 이튿날 첫 진료를 받으려고 대책 없이 마지막 열차로 서울에 왔다. 한밤중에 도착해 역 대합실서 노숙자 아닌 노숙자가 되었다. 그날도 태풍이 와서 비바람은 몰아치고 코로나 때문에 역 대합실과 병원에도 갈 데가 없었던 가난했던 기억. 결국 호텔 찜질방서 몇 시간 머물렀던 것이 화근이 되어 남편은 구청에서 코로나 검사까지 받는 소동도 있었다.

그런 와중에 내가 발을 다쳐 깁스까지 하며 고생하고 있을 때, 예전에 앓았던 나의 이석증이 도져 남편과 난 질병과의 씨름으로 온 가을을 오롯이 낮은 자세로 지냈다. 남편이 암으로 수술했다고 하면 사람들은 "초기지?" 하며 위로의 말을 건넨다. 하지만 의사 선생님은 전립선이 암으로 절었다고 했다. 환자들은 희망을 잃지 않으려고 수술하면 괜찮다는 말을 듣고 싶어 하지만 담당 의사는 정확하게 현실을 알려줬다. 더구나 한쪽 요도에까지 침범해서 수술하고도 방사선을 쬐어야 한다고 했다. 한 가닥 소망의 끈이라도 잡고 싶어 완치 확률은 어느 정도냐고 물었으나 그건 아무도 모른다는 단호한 답변이었다. 차라리 "한번 치료해 봅시다."라고 했으면 많이 위로되었을 텐데…….

어려움에 부닥친 사람이 할 수 있는 것은 자신이 믿는 신께 기도하는 수밖에 없다. 우리 가족은 우리가 믿는 하나님께 전적으로 매달렸다. 이 과정에서 시간마다 순간마다 지켜주시는 하나님의 은총을 깊이 깨닫는 사건들이 많았다. 수술이 어렵다는 수치가 낮아지고 수술이 성공적으로 이루어졌다. 수술했던 의사 선생님은 전주에서 방사선 치료하고 다시 진료받으러 오라고 했다. 방사선 치료를 받는다고 생각하니 머리도 빠지고 토하는 등 다른 이들에게서 들었던 항암치료가 생각나 그것만은 받지 않게 해달라고 수없이 기도했다. 그러나 항암 주사와 방사선은 다른 분야였다. 방사선은 MRA 영상 촬영하는 것처럼 잠깐 쪼이는 오히려 간단한 치료였다. 날마다 한 번씩 32번의 치료가 끝나는 날 새삼 모든 과정을 잘 이겨낸 남편이 대견하면서도 고마웠다.

기도하면서도 방사선 치료까지 했는데 암세포가 죽지 않고 다시 살아난다면 어찌할까 하는 불안감이 덮칠 때가 있다. '암세포 제로'라는 의사의 설명을 듣는 순간 그동안 치료과정이 눈앞에 스쳐와 기쁘면서도 벙벙하다. 이 순간을 위해 기도했으면서도 막상 기도가 이루어지니. 의사는 예방 차원에서 몇 달에 한 번씩 검사를 받으라고 했다. 어떤 환자에게는 "내년에 봅시다."라고 하던데 우리도 어서 그런 말을 듣고 싶다. 미명 전의 어둠이 가장 깊다고 한 것처럼 암으로 절었다고 한 부분이 깨끗이 치료되었을 때의 기쁨이 그만큼 더 크게 다가왔다.

아무리 사나운 태풍이 불어와도 그 태풍 속에서도 잔잔한 고요가 깃드는 곳이 있다. 바로 태풍의 눈이다. 앞으로도 늘 건강에 힘쓰며 식단 관리와 운동 등 병마가 틈타지 않도록 끊임없이 긴장하며 살아가야 한다. 하지만 지금 내 마음은 평안하다.

바람 부는 들녘에 비바람이 몰아쳐도 오히려 그 바람 때문에 열매가 맺고 풍성한 결실의 계절이 반드시 올 줄 믿는다. 조석으로 부는 선선한 바람은 여간해선 물러설 것 같지 않았던 찜통더위를 몰아냈다. 평온을 되찾은 들녘의 노랫소리가 상쾌하다.

위기의 순간

●

"찌그덕, 찌그덕."

오랫동안 기름칠을 하지 않은 자전거의 페달을 밟는 것처럼 거칠고 메마른 소리가 들렸다. 나도 모르게 흠칫 놀라 반사적으로 뒤를 돌아보았다. 자전거 위의 남자는 유난히 큰 상체를 흔들며 우리 쪽으로 달려오고 있었다. 섬뜩한 느낌이 들었다. 나는 집 한 채 정도 떨어진 거리만큼 앞서가는 여고생 쪽으로 잰걸음으로 다가갔다. '둘이 가면 그래도 괜찮겠지.' 조금은 안도감이 들었다. 문제는 남자의 태도 변화였다. 그는 본디 아무 생각 없이 목적지만을 위해 달려왔는지도 모른다. 그런데 여자가 자기를 의심하는 듯 도망가니 불한당의 객기가 발동했나 보다. 갑자기 페달에 박차를 가해 순식간에 우리 뒤를 바짝 따라왔다.

나는 100여 미터 떨어진 가게까지 달려갔다. 가게 앞길에는 서너 명의 남자들이 티 나게 나무라지도 못하고 "왜 또 그려~." 달램 반 나무람 반 말을 건넸다. 나는 불안감과 두려운 마음으로 곧장 신작로 쪽으로 있는 힘을 다해 뛰어갔다. 무엇보다 사람들의 말투로 보아 그동안에도 말썽을 많이 일으킨 남자라는 것을 알았기 때문이었다. '이 사람들도 나를 돕지 못하는구나.' 나는 극도의 절망감에 사로잡혔다. '모퉁이만 돌면 큰길이다.' 그러나 마음과는 달리 큰길에 다다르기도 전에 자전거도 버리고 쫓아오는 남자에게 붙잡히고 말았다.

말씨를 들으니 얼마 전 어떤 남자가 술을 마시고 학교 운동장에서 난동 부리는 것을 교무실 창문 너머로 본 기억이 스쳤다. 그는 여수에서 뱃일하다가 휴가차 집에 왔다고 하는데 알고 보니 우리 반 학생의 아버지였다. 순간 나는 담임이라고 하면 위기를 모면하지 않을까 하는 실낱같은 희망을 걸어보았다. 술 취한 남자는 신분까지 밝혀지자 이젠 마지막이라는 생각이 들었는지 "선생이면 다냐?" 하면서 내 외투를 붙잡고 담벼락 깊이의 논두렁으로 확 끌어내렸다.

남자는 남자대로 난 나대로 각자 논바닥으로 나동그라졌다. '어쨌든 술에 취해 이성이 없는 남자다.' 긴급한 상황에 스물네 살 여자의 머리에도 퍼뜩 지혜가 떠올랐다. 좀 달래어 마음을 누그러뜨려야겠다는 마음이 들었다.

"너 다시 마을로 들어가야 해."

"저 지금 막차를 타고 집에 가야 하니 다녀와서 나중에 얘기하시게요."

"안 돼. 너 내 말 안 들으면 돌로 찍어 죽일 수도 있어."

사뭇 공포 분위기로 몰고 가는 남자 앞에서 알았다고 말하며 일어서려는 찰나에 남자는 내 멱살을 잡고 동네가 아닌 산길 쪽으로 한 발짝을 뗐다. 순간 나는 어디서 그런 힘이 솟아났는지 남자를 밀쳐버리고 울퉁불퉁한 논을 지나, 가게 쪽으로 뛰어갔다.

"사람 살려~."

어떻게 내 입에서 그런 말이 나왔는지 모르겠다. 그런 말은 드라마나 영화에서만 하는 줄 알았다. 논둑길을 걸어가던 가겟집 딸은 남녀가 도란도란 얘기하는 소리에 데이트하는 줄 알았단다. 나의 비명을 듣고 그제야 위급상황을 알고 자기 집으로 데려갔다.

가게 안에는 아까 보았던 남자들이 담소를 나누며 술을 먹고 있었다.

"저, 저……. ○○초등학교 교산데요. 우리 학부모가……."

너무 놀라면 숨만 턱턱 막히고 말이 나오지 않는다는 것도 그때 알았다. 침만 바짝바짝 마르고 다음 얘기가 나오지 않았다.

"참 몹쓸 놈이네. 어찌 선생님을."

사람들은 가게 뒤쪽으로 나를 숨겨 주었다. 조금 지나 뒤뚱거리는 걸음으로 남자가 가게 출입문을 열었다.

"여기 어떤 처녀 들어오지 않았어요?"

"못 봤는데?"

가게 안 남자들은 기지를 발휘해 자전거 남자를 돌려보냈다.

막차는 떠나고 난 가겟집 안채에서 불안과 공포의 하룻밤을 보냈다. 금방이라도 방문을 벌컥 열고 쳐들어올 것 같았다. 난 겨울이라 털모자를 썼는데 모자도 논두렁에 빠져 버렸지만 찾으러 갈 엄두도 낼 수 없었다. 아침에 첫차를 타러 갈 때도 남자가 모퉁이 어딘가에서 기다렸다가 불쑥 나타날 것만 같았다. 집에 가면서도 '삐걱' 하는 자전거 소리만 나도 섬찍지근한 마음에 뒤를 돌아보았다. 부모님이 놀라서 가만 안 둔다며 분개하셨다.

그때 신변에 무슨 일이 생기면 교장인 자신에게 제일 먼저 보고하라는 교장 선생님 말씀이 생각났다. 순진하고 경험 없던 난 곧이곧대로 교장 선생님께 먼저 보고했다. 교장 선생님도 처음엔 놀라 부모님과 난 가만히 있으면 당신이 다 해결하겠다고 하셨다. 하지만 며칠이 지나도 세상은 아무 일이 없었던 것처럼 조용히 흘러갔다. 난 이렇게 충격을 받았는데, 하다못해 그의 부인이라도 와서 사과하면 용서해주고 난 그 학교를 뜨면 된다고 생각했었는데. 당시 교장 선생님은 자신의 명예를 가장 소중히 여기는 분이셨다. 그래서 승진도 빨리했는데 자기 학교에서 여교사 사건이 생겼으니 교육청에 보고하지도 않은 듯했다. 그해 겨울은 그렇게 흐지부지 흘러갔다.

이듬해 우여곡절 끝에 면 소재지의 다른 학교로 전보 발령을 받았다. 무슨 일 당한 것도 아닌데 고발했다가 보복이라도 하면 어쩌겠냐며 무마만 하려던 교장 선생님이 당시엔 원망스럽고 용서가 안 되었다. 세월이 지나 충격도 무디어지고 나도 나이 들어가니 조금은 이해할 수 있을 것 같고, 대수롭지 않은 일로 잊혀 갔다. 묘한 인연은 새로 발령받은 곳에서 사업을 하던 남편을 만난 일이었다. 당연히 그 가겟집과도 한 동네 사람이라 남편과도 옛 이야기하던 사이가 되었다.

몇 년이 흐른 뒤, 바람결에 들려오는 소문은 자전거 남자는 밀수선을 탔다가 누구에겐지 모르지만, 칼을 맞아 죽었다는 것이었다. 술의 노예가 되어 막무가내로 살다가 비참한 최후를 맞은 그 남자도 안됐다는 생각이 들었다.

사람이 위험에 빠지면 사람 살리란 말이 가장 자연스럽게 나온다는 것을 체험을 통해 진하게 실감했다. 아마도 이 말을 한 번도 안 해 본 사람은 이해하지 못할 수도 있다. 그런 말을 다시는 하지 않을 줄 알았는데 얼마 전 또 그 말을 하게 되었다. 생과 사의 갈림길에서 어려움을 겪고 있는 이웃을 위해 간절히 부르짖었다. 사람 살리란 말 대신에 '하나님 살려 주세요.'라고만 했을 뿐, 급박한 상황은 그때와 똑같았다. '사람 살려.'란 말은 내가 어려움에 부닥쳤으니 아무나 와서 나를 좀 구해달라는 것이다. '하나님 살려 주세요.'란 말은 믿음의 대상인 하나님께 부탁하는 말이다. 당시 난 하나님을 몰랐던 때라 '사람 살려!'란 말밖에 할 수 없었다.

상처가 상처로 남지 않음에 감사하고, 위기의 순간에 찾을 수 있는 대상이 있어 감사하다.

마음먹기

십수 년 전의 일이다. 출근하려고 서둘러 식사를 마치고 설거지 하는데 뉴스가 흘러나왔다. 연금 때문에 서울 시내의 선생님들이 명예 퇴직원을 많이 냈다는 거였다. 순간 '서울에서 근무하는 선생님들은 아무래도 정보가 빠를 텐데, 그들이 그렇게 많이 희망했다면 뭔가가 있구나.'라는 생각이 섬광처럼 스쳤다. 아니나 다를까. 선생님들은 여기저기서 수런수런하며 자기들도 사표를 내겠다고 야단이었다.

며칠간 고민 끝에 드디어 나를 포함해서 세 명의 교사가 명예 퇴임을 신청했다. 주위에서는 한사코 만류했다. 그러나 나 자신을 위한 시간 한 번 갖지 못하고 아이들과 씨름하는 것보다는 차라리 지금이라도 교직에서 해방되어 다른 길을 걷는 것이 더 좋을 것 같았다. 평생 열악한 교육 환경에서 학생들과 함께했는데 노후까지 흔들린다면 더 이상 미련이 없을 것 같았다.

낌새를 모르는 어린이들이 선생님이랍시고 호기심 어린 눈길로 모여든다. 거리에서 만났으면 웬 아줌마냐며 대꾸도 안 할 아이들이다. 그래도 학교에선 선생님께 칭찬받고 싶어 하는 본능적인 모범생 기질을 발휘하여 내 책상에 모여든다. 그날따라 '이 아이들하고도 이젠 마지막인가 보네?' 하는 아쉬움이 생겼다. 바쁜 출근길에 아침 산책을 나서는 주부들을 보며 부러워하던 내가 출근하는 것도 아련한 추억이 될 것 같은 염려로 변했다.

근무시간을 마친 뒤 바로 퇴근하지 않고 미술, 영어, 등 나름대로 배우느라 노력했다. 그런 것들도 이젠 가르치지 않으니 아무런 필요가 없다는 허망한 마음이 나를 짓눌렀다. 여행을 좋아하는 내 취미도 내가 다녀온 뒤 직접 보고 들은 것을 학생들에게 알려준다는 생각에서였다. 그래서 방학 때면 꼭 여행을 하지 않았던가. 이렇게 교단을 떠나려고 그 많은 시간을 배우려고 애썼나. 시간이 갈수록 내 마음은 평정을 잃어갔다.

가르치는 것이 지겨워서 사표를 훌렁 던졌으면 후련해야 하는데 점점 더 학생들 쪽으로 내 마음이 기울어져 갔다. 밤새 궁리해낸 것이 방과 후 교사라도 해서 아이들과 만나고 싶었다. 교장 선생님께 퇴임한 뒤 미술과 방과 후 교사를 하고 싶다고 했다.

"그런 마음이 있으면 교육청에 가서 사표를 철회하고 오세요."

교육청에 가기 전 기도를 하기로 했다. 사표를 내는 중대한 일을 했으면서도 기도도 하지 않고 일을 저질렀다. 기도팀에게 사표를 냈으면 내 마음이 평안해야 하는데 오히려 허전하니 나를 위해 기도해 달라고 했다. 한 분이

“윤 선생님은 가르치는 재능이 있으니 사표를 철회하세요.”

“그럼 퇴직금을 많이 손해 본다는데요?”

“국가에 헌납했다고 생각하세요.”

나는 그 말을 듣고 “하나님, 저 열심히 학생들 가르칠게요. 대신 저의 노후를 책임져 주세요.”라고 어린아이처럼 기도했다.

사직원을 철회하니 날아갈 듯이 기뻤다. 흰 눈을 뜨며 줏대 없다고 나무라는 장학사의 뜨악한 표정에도 내가 줏대 없는 것이 아니라 나라가 줏대 없다고 당당하게 말할 수 있었다. 직장에 취직된 실직자의 심정이 이럴까? 교사 수가 모자라서 사표를 낸 사람도 다시 받아주는 제도가 고맙다는 생각이 들었다. 그 뒤부터는 학생들의 순수함이 더 마음에 닿았고 일상의 시간도 의미 있게 다가왔다. 나에게 미술 지도를 받은 학생들이 상을 받으면 내가 받은 것 같아 큰 즐거움과 보람을 느꼈다. 그러고 보니 난 학생들을 많이 사랑하고 있었다.

새내기 교사 시절이 떠올랐다. 교장 선생님은 왠 쓸데없는 잔소리를 그렇게 하는지 그만 귀를 막고 듣고 싶지 않을 때도 많았다. 그럴 땐 메모지가 까맣게 되도록 낙서를 하면서 버텼다. 일반대학

에 다녀 더 나은 길로 가고 싶었는데 그렇게 할 수 없었던 불만에 학생들의 안전을 위한 생활지도도 잔소리로만 들렸다. 나도 대학에 편입해서 교직을 떠나게 되면 이런 자질구레한 소리를 듣지 않아도 되겠지 하는 생각뿐이었다.

그러던 내 마음에 변화가 생겼다. 농촌에서 사업을 하던 남편과 결혼하게 되었을 때였다. 남편은 사표를 내고 결혼 준비나 하라고 했다. 나는 농촌에서 특별히 할 일도 없는데 왜 사표를 내냐며 교직 생활을 계속하겠다고 했다. 그 뒤로 나의 모든 생각이 바뀌었다. 교장 선생님의 말씀은 잔소리가 아니라 학생들에게 꼭 필요한 훈화였다. 이런저런 학교 행사는 학생들의 교육을 위함이었다. '이런 것도 교육에 필요하나?' 꼭 그렇게 해야만 하는가에 대한 불만은 더 적극적이고 긍정적인 마음으로 바뀌었다. 자긍심을 가진 교사로 거듭났다.

사직원 철회 후 십여 성상이 흐른 뒤, 전주시에서 십 년 근무를 마치고 다시 농촌지역으로 전근해야 할 시점이 왔다. 새벽기도회에 다니면서 장거리 통근을 하는 것은 무리라는 마음에 이번에는 충분히 생각하고 기도로 준비하여 교단을 떠났다.

새내기 시절 교직에 대한 불만에 쉽게 다른 길로 가버렸다면 내가 지금쯤 무엇을 하고 있을까. 후회했을지도 모른다. 내가 십수 년 전에 명예 퇴임했다면 과연 지금과 같은 생활을 할 수 있을지는 의문이다. 우리의 인생길에 크고 작은 어려움을 만날 때가 있다. 똑같은 일이 마음 먹기에 따라서 때로는 고통이 되고, 오히려 달게 느껴지기도 한다. 비록 정년퇴임은 하지 못하고 명예 퇴임했지만, 학생들에게 나의 정열을 충분히 쏟았기에 후회나 미련은 없다.

(2015. 4. 3.)

광야

●

희뿌연 모래 언덕과 적갈색의 바위산들. 가도 가도 끝이 없는 풀 한 포기 없는 황량한 사막길. 암벽을 가로질러 드문드문 아카시나무가 외로운 가시 그늘을 만들고 있었다. 이스라엘 백성들은 노예 해방의 꿈을 안고 모세를 따라 지금까지 살던 고향 이집트 땅을 떠나 기약 없는 탈출의 노정에 들어갔다. 물론 거기엔 물도 없었고 먹을 것도 없었다. 이스라엘 백성이 불평하는 것은 어쩌면 당연한 것 같았다.

그럴 때마다 하나님은 물과 만나와 메추라기로 먹여 주었고 홍해 바다를 갈라 마른 땅을 밟고 건너게 하셨다. 그런데도 광야 길은 끝나지 않았다. 그들은 불평 속에 살다 광야에서 죽어갔다. 지긋지긋한 광야. 어디 그뿐인가. 숨이 턱턱 막히는 낮의 무더위와 밤의 냉기를 구름 기둥과 불기둥으로 해결해 주셨다. 갖은 고생 끝에 도달한 곳에는 철옹성 같은 성벽과 강한 군사들이 기다리고 있었다. 이때도 하나님은 시시때때로 기적을 베푸시며 마침내 자기 백성들을 이스라엘 땅으로 인도했다. 그러나 그곳도 젖과 꿀이 흐르는 곳은 아니었고 여전히 광야일 뿐이었다. 무수한 땀과 노력으로 오늘날 푸른 숲과 기름진 땅을 일구었다.

십수 년 전에 성지순례 때 본 광야길이 생각났다. 나는 지금 내 인생의 광야 길을 걸어가고 있다. 남편에게도 질병이 찾아왔고 나 또한 발을 다쳐 집안에서 굼벵이 생활을 하며 이 가을을 누리지 못하고 집안에 갇혀 있다. 마치 우리가 코로나 이전의 생활을 그리워하는 것처럼 하루에 건지산 숲을 돌아 만 이천 보씩 걷고 매일 두 시간씩 탁구를 하며 즐거워하던 추억을 되씹고 있다. 우리가 코로나 이전의 생활이 과연 오기나 할까 반신반의하는 것처럼 나 또한 건강했던 그 시절로 돌아갈 수 있을지 때론 의구심이 들기도 한다.

처음엔 금방 회복될 줄 알았던 발가락도 3주가 지나도록 나아지는 기색이 없다. 이런 상태라면 이전의 생활로 돌아갈 수 있을지 자신이 없어진다. 의사는 금이 갔다고 병도 아닌 것처럼 대수롭지 않게 말하는데 내가 느끼는 증세로 보아 금 간 것보다 더 다친 것은 아닌지 불안감이 덮친다.

전화벨이 울리면 거북이걸음으로 전화를 받으러 간다. 전화기에 손이 닿기도 전에 전화는 이미 끊어진다. 모든 것이 느린 템포다. TV 채널을 돌리다가 지나간 드라마 다시 보기를 한다. 몇 년 전에도 재미있게 본 내용인데도 세세한 내용은 하나도 생각이 나지 않아 다시 보는 재미에 푹 빠져보기도 한다. 성서 학당, 성경 쓰기 등 신앙 지식에 가까이 가기도 한다. 또 졸작이지만 수필을 써보기도 한다.

어느 시각장애인은 보이지는 않지만, 화장과 바느질 음식도 다 해서 혼자서도 사는 데에 지장이 없다고 했다. 느리기는 해도 할 것은 다 한단다. 나도 시간이 걸려서 그렇지 커피를 내려서 마시거나 식사 준비와 설거지 등, 의자에 앉아서도 할 것은 다 한다. 그러다 보니 문제는 왼발로만 의지하고 다니기에 왼발이 무리가 되어 시큰시큰 아픈 거였다. 또 목발을 짚고 출입문을 열어 주다 그만 나동그라졌다. 십 년 전에도 목발을 짚었지만 그땐 그런 일은 없었다. 평소 운동으로 균형 감각은 있다고 생각했는데 아닌가 보다. 나이 앞에 장사 없다는 걸 실감하는 중이다.

며칠 전 병원에 갔더니 이젠 깁스를 풀고 살살 걷기를 연습하란다. 목발을 놓고 혼자서 걸을 수 있다는 작은 일도 큰 기쁨으로 다가왔다. 회전의자가 갈 수 없어서 거실 안으로 들어왔던 물건들이 다 자기 자리로 돌아갔다. 목발도 깁스도 창고로 들어갔다. 내 발은 아기 발처럼 연약한 상태라 발 전체와 종아리 등 근육이 다시 생기느라 아우성친다. 그럴수록 근육량을 늘리려고 하루에 만 보씩 걸었더니 또 발이 욱신거리고 아팠다. 창고로 들어갔던 목발과 깁스가 다시 등장했다. 언제 이 광야길이 끝나려나. 지금은 조정기로 집안에서만 생활한다.

시나이반도를 지나 이집트와 이스라엘 국경지대를 거쳐 이스라엘 땅에 들어가자마자 우선 자연환경을 보고 놀랐다. 똑같은 광야요 사막이지만 이스라엘 쪽은 푸른 숲과 농장이 있어 숲이 보고픈 나의 눈을 시원하게 해줬다. 그렇다. 젖과 꿀이 흐르는 기름진 땅은 가만히 있으면 저절로 이루어지지 않는다. 부단한 노력과 땀이 있어야 한다. 나 또한 이런 어려움을 잘 극복하여 끊임없이 다가오는 광야 길을 한 걸음씩 걷다 보면 언젠가는 끝이 올 것이다. 그땐 숲이 청청한 그곳에서 맑은 공기를 마시며 지난날을 되돌아볼 때가 오겠지.

제5부 동고동락

윤효숙 作, **사랑의 가족**, 한국 채색화, 45㎝×57㎝

'아무것도 염려하지 말고 다만 모든 일에 오직 기도와 간구로,
너희 구할 것을 감사함으로 하나님께 아뢰라.
그리하면 모든 지각에 뛰어난 하나님 아버지의 평강이
그리스도 예수 안에서 너희 마음과 생각을 지키시리라.'

노숙자 체험

남편이 암진단을 받았다. 정기 건강검진 중에 전립선 수치가 높게 나와 조직 검사한 결과였다. 동네 병원서 자기네 병원에는 뼈 검사하는 기계가 없으니 대학병원에 가서 뼈로 전이되었는지 영상 촬영을 해보라고 했다. 암이라면 아무래도 서울의 큰 병원에 가야 할 것 같은데 아는 사람이 없어 막막했다.

다른 사람들은 암에 걸렸다고 하면 하필이면 왜 나냐고 울고 한다는데 오히려 나는 지금까지 지켜 주신 하나님이 내 마음에 계셔서 그런지 담담했다. '세 명 중에 한 사람이 암에 걸린다는데 드디어 우리 가정에도 암 환자가 나왔구나. 이런 일이 없었으면 좋았겠지만, 우리 가정에서만큼은 아니었으면 하는 생각은 나의 이기심이겠지.' 하는 생각이 들었다. 남편도 그런 면에서는 덤덤하게 받아들였다. 물론 속으로는 걱정이 되겠지만 내가 보기에는 감정이 없는 것처럼 잘 넘기고 있다.

마침 남편 친구의 아들이 서울의 큰 병원에 근무한다고 연결해 주어 오전 9시에 예약을 잡아 주었다. 서울의 지리도 모르고 장거리 운전과 일정이 어찌 될지도 모르는 상황에서 차는 두고 대중교통을 이용하기로 했다. 차편을 알아보니 버스는 시간이 안 맞고 가장 늦은 KTX는 11시 13분 기차밖에 없었다. 서울 도착 0시 40분. 새벽에 도착하는 차편이 가장 좋은데 그런 차는 없었다. 올라갈 때는 역 대합실서 몇 시간만 기다렸다가 병원으로 일찌감치 가려고 했다.

지금까지 서울에 일이 있을 때 고속버스만 이용했다. 기차는 이용한 적이 없어 역 대합실이 어떤 상황인지도 모르고 무작정 상경했다. 용산역은 생각과는 달리 코로나 때문인지 역 안엔 직원이 지키고 있고 의자는 찾아보기 어려웠다. 출입구의 몇 개 남지 않은 긴 의자는 노숙자들이 차지하고 있었다. 바로 수술할지도 모른다는 생각에 한 달 정도 지낼만한 기내용 가방과 작은 가방 하나를 들고 역 아래로 내려갔다. 의사가 보자마자 첫 진료부터 수술해주지 않는다는 것도 나중에 경험으로 알게 됐지만 그땐 처음이라 몰랐다. 아무것도 기약할 수 없는 상황에서 모든 경우를 대비해야 했다.

한밤중 용산역 앞 풍경은 정막감이 감돌았다. 고층 빌딩만이 장승처럼 버티고 있었다. 을씨년스럽다는 말을 많이 하지만 이게 바로 을씨년스러운 풍경이 아닌가. 잿빛 하늘을 배경으로 시커먼 실루엣을 그려 놓았다. 어디에도 우리가 쉴 수 있는 모텔이나 처소는 없었다. '이럴 땐 딸네 집이 최고인데.' 십 년 전까지 서울에 살았던 딸이 생각나는 밤이었다. 다시 역사로 올라갔다. 노숙자가 떠났는지 긴 의자 하나가 눈에 띄었다. 하필이면 비가 억수같이 쏟아지고 바람이 휘휘 불어 남편이 가방으로 가려 주었다. 자신은 중병이 들었으면서도 오히려 나를 배려해주는 남편.

노숙자들은 옆에 가방 하나가 있고 신문지나 헌 상자로 바람을 막고 누워있었다. 우리도 가방이 옆에 있으니 누가 봐도 노숙자다. '이렇게 몇 시간을 기다려야 한다니.' 이건 아니다 싶었다.

"여보 우리 다시 내려가서 쉴 곳을 찾아봐요. 여기서는 도저히 안 되겠어요."

매점 직원은 바로 옆에 찜질방이 있다고 할인권까지 주면서 권했다. 하기야 요즈음 같은 코로나 시대에 누가 찜질방에 가겠는가. 그래서 가게에 홍보를 부탁했나 보다.

'암 환자 아내의 고달픈 길이 이렇게 시작되는구나.' 에스컬레이터는 늪 속에 빠져드는 것처럼 깊숙이 빨려들어갔다.

가장 긴 하루

●

찜질방은 한때 번성함을 말해 주는 듯 시설이 다 갖추어져 있었다. 코로나 때문에 온도 체크와 신상정보를 쓰고 들어갔다. 장의자만 보아도 안락함을 느낄 수 있었다. 몇 분 동안의 노숙자 체험이 마음을 가난하게 해주었나 보다. 썰렁한 찜질방엔 철없는 십대들 몇 명밖에 없었다. 뜬눈으로 밤을 새우고 다섯 시쯤, 오늘 일정이 입원을 해야 하는 상황이 될까 싶어 샤워를 하고 가기로 했다. 각자 샤워를 하고 현관에서 만나기로 했는데 남편이 좀처럼 나오지 않는다. 평소에 찜방을 좋아하는 남편은 그새 사우나도 했단다.

콜택시를 탔는데 택시기사님이 교회 안수집사님이었다. 서로 신앙 얘기를 하다가 자기 사정을 털어놨다. 앞집에 사는 이웃과 얽힌 사연인데 악한 이웃을 만나서 집에 들어가도 평안이 없다고 했다. 나는 안타까워서 택시 안에서 간절히 기도해 줬다. 택시 기사님은 "아멘!" 하며 달게 받아들였다. 서로 통성명을 하고 전화번호도 교환하며 계속 기도해 주기로 했다.

새벽에 예약된 병원에 도착했다. 직원 몇 명이 나와서 열 체크와 코로나 문진표를 작성하라고 했다. 마친 사람에게는 스티커를 나누어 주었다. 오늘 하루는 그것을 붙이고 다녀야 출입할 수가 있다. 의사 선생님이 전주의 병원서 가져온 서류와 사진을 보고 투약한 약봉지를 다 확인하고 한참을 적고 영상 자료를 살펴보았다. 그러더니 옆방에 노크를 한다. 불안한 마음으로 지켜본다. 뭐가 잘못되었나? 처음엔 그분이 담당의인 줄 알았는데 인턴이나 레지던트인가 보다. 여기서는 잘 보시는 교수님에게 진료를 받았는데 아예 수술까지 하고 갈 마음으로 짐도 다 싸왔다고 했더니 웃으며 방금 어떤 분도 그랬다고 한다. 다들 암에 걸리면 빨리 수술을 해서 암덩이를 떼어 내고 싶을 것이다. 그러나 병원 사정과 모든 검사를 마쳐야 한다며 혈액검사와 심전도, CT 사진을 찍고 8월 4일에 뼈검사와 MRI를 찍기로 하고 내려왔다. 검사 자체는 별로 힘든 것이 아닌데 몇 가지를 하다 보니 환자 자신은 물론 기다리는 사람도 서서히 지쳐간다.

수술 날짜는 6일로 잡혔다. 요즈음은 부작용이 적은 로봇수술을 선호한다기에 남편도 로봇수술을 하기로 했다. 의료보험은 적용이 안 되지만 실비보험은 된다니 이런 때 비용 걱정만 안 해도 위로가 된다.

사위는 집안에 처음 있는 중병이라고 생각했는지 휴가를 내고 원무과 검사실 등 남편과 함께 모든 과정을 함께 했다. 남편 친구도 하루 종일 지켜주며 그 아들도 직접 와서 인사를 했다. 난 사위 덕분에 가방만 지키고 있었다. 당분간 나는 이 병원의 모든 시스템과 시설에 익숙해져야 하겠지만 오늘은 여유를 가질 수가 있었다. 남편은 친구가 이렇게 좋은 것이라며 연신 고맙다고 했다. 남편 친구는 남부 터미널까지 태워다 주며 좋은 친구의 소임을 끝까지 해주었다. 집에 오니 밤 일곱 시. 꼬박 22시간 동안 돌아간 하루. 내 생애 가장 긴 하루인 것 같다.

오늘은 여기까지

남편의 질병 때문에 여러 가지로 신경이 쓰인다. 마침 미국에 사는 큰딸이 이왕에 수술할 바에는 좀 더 명의에게 해야 하지 않겠냐고 한다. 누군들 그걸 모를까마는 그런 병원은 전국의 환자가 다 모이는지라 시간만 늦어지고 그동안 병이 점점 깊어질까 염려가 된다. 하릴없이 마음만 어수선하다.

딸은 인터넷에서 명의를 찾아보았는데 이제까지 간 병원은 명의 명단에 없다고 하면서 이왕에 한 번 하는 수술인데 더 잘 알아보고 하라고 한다. 딸은 한국에 오지도 못하고 제 딴엔 답답한 마음으로 카톡만 해왔다. 나는 여기까지가 최선인 줄 알았는데 딸의 말을 들으니 그 말이 맞을 듯했다. 그러나 우리나라에서 최초로 로봇수술을 도입하여 최다의 수술을 했다는 명의를 빠른 시간 안에 어떻게 만난단 말인가? 전국의 환자들이 다들 그런 명의에게 수술받기 위해 몰려들 것이 아닌가? 알고는 있지만 방법이 없다.

마침 손위 시누이가 심근경색으로 서울의 큰 병원에서 시술받고 왔던 일이 생각났다. 알아 보니 지인의 소개로 연결이 되었다고 했다. 남편도 어렵사리 연락되었다는데 아직까지 진료받으러 오라는 전갈이 오지 않는다. 시간은 1시 50분, 마음이 다급해졌다. 이럴 땐 염치 불고하고 하나님께 매달릴 수밖에 없다.

"하나님 아버지 저의 남편 살리시려면 그 병원 연결해 주세요."

절박한 마음이 되어 눈물의 기도가 나왔다. 해야 하는데 하지 못하는 안타까움으로 마음이 타는듯하다. 처음 암 판정을 받고서도 담담했던 나였지만 오늘만은 불가능하다는 것을 알기에 저절로 간절한 기도가 나왔다.

그런 와중에도 건강을 위해 운동을 하고 집에 오니 벌써 연락이 와 있었다. 8월 3일로 진료가 잡혔다. 짧은 시간이었지만 하나님의 은혜를 체험하는 시간이었다. 하지만 문제는 남아있다. 지난주에 가서 했던 검사를 다시 받아야 하니 꼬박 일주일이 늦어졌다. 저번 병원에서는 6일에 수술해준다고 했는데 병원을 옮겨서 모든 검사를 다시 받게 되었다. 수술 날짜가 자꾸 늦어지는 것이 마음에 걸린다. 뼈까지 전이되었으면 회생률이 반으로 떨어진다니 뼈 검사 결과가 관건이다. 금방 남편의 몸에서 암세포가 증식되어 뼈까지도 전이될 것 같은 초조한 마음이 나를 덮친다.

하나님은 상황에 따라 하고자 하시는 자를 긍휼히 여기신다. 모든 것은 하나님이 정하시고 그 뜻대로 이루어가시지만, 우리는 그

뜻을 모르기 때문에 그 뜻을 알고 싶어 기도한다. 오늘은 여기까지다. 일단은 진료받게 된 데까지. 욕심부리지 않고 한 발자국씩 걸어가련다. '아무것도 염려하지 말고 다만 모든 일에 오직 기도와 간구로, 너희 구할 것을 감사함으로 하나님께 아뢰라. 그리하면 모든 지각에 뛰어난 하나님 아버지의 평강이 그리스도 예수 안에서 너희 마음과 생각을 지키시리라.' 라는 성경 말씀을 되뇌면서 기도한다. 마음이 평안해지고 어떤 어려움도 다 이겨낼 것 같은 담대함으로 충만해진다.

두근거리는 하루

요즈음은 남편이 일찍 퇴근한다. 연일 오는 장맛비 때문이기도 하지만 수술을 앞두고 자신의 건강을 좀 더 챙기는 눈치다. 운동하고 있는데 남편에게서 전화가 왔다.

"강남 구청서 코로나 검사 받아보라고 메시지 왔어?"

가슴이 덜컥 내려앉는다. 만일 남편이 이 와중에 코로나에 걸린다면 수술이고 뭐고 모두 그대로 끝난다는 생각에 내 전화기를 확인해봤다. 나에겐 연락이 오지 않았다. 마침 진료 서류를 가지러 저번 병원에 갔던 남편은 친구와 함께 강남 구청에서 검사받는 소동이 일었다. 남편 친구도 서울에 살기는 하지만 노년에 접어들어 지리가 어둡기는 마찬가지다. 둘이 어렵사리 찾아가는 모습이 눈에 선하다.

며칠 전 병원에 갔을 때 남편 친구와 나, 또 사위와 함께 식사를 해서 여간 걱정이 되지 않았다. 만일 나도 코로나에 걸린다면 그 동안 만났던 모든 이들, 교인과 탁구 동호회원들, 친구들까지 답이 나오지 않는다. TV 뉴스에서 보았던 사건들이 과연 나에게도 일어날 것인지. 문제는 23일 찜질방에서 잠깐 쉴 때 전화번호를 남긴 일이 있었다. 그 찜질방에서 환자가 나온 것은 아니지만 우리가 머물렀던 곳도 남편이 고령자라 대표로 표집 된 것 같았다. 엎친 데 덮친다는 속담이 딱 이런 경우인가 보다. 운동하다 말고 집으로 오면서 나도 검사를 받아봐야 하나 어쩌나 쉽게 결정할 수가 없었다. 검사를 한 번 받아 봤는데 콧속 깊숙이 봉을 넣어 채취해서 그런 거북스런 경험을 두 번은 하고 싶지 않았다.

참 하나님은 어찌하여 올해 이런 여러 체험을 시키시는가? 올해 내가 칠순이다. 두 딸들 다 데리고 동생이 사는 네덜란드에 갈까, 큰딸이 사는 미국으로 갈까 남편과 상의하곤 했다. 그런 데는 어차피 코로나 때문에 못 가니 억울하지는 않다. 동생네도 일이 생기고 남편도 질병이 생겨 모든 계획이 무색하게 흩어져 버렸다.

하나님은 나를 위해 올해 특별한 계획을 세우셨나 보다. 하지도 않은 자가 격리를 시키는가 싶더니 이젠 질병이 있는 남편의 보호자가 되게 하셨다. 사실 그런 경험은 하지 않아도 되는데. 생각해 보니 십 년 전 회갑을 맞은 해에도 여행을 자주 다니다가 다리를 다쳐 병원에서 회갑을 맞았던 일이 있었다. 이래서 하나님은 '너희가 계획할지라도 그 걸음을 옮기시는 분은 하나님'이라고 했던가? 대나무 마디처럼 십 년 주기로 특별 체험을 시키신다.

남편은 이전 병원에 가서 서류를 챙겨 왔다. 이젠 8월 3일 새로운 병원에 갈 일만 남았는데, 영 불안한지 자꾸 나에게 아는 이에게 빨리 수술해 달라고 부탁해 보라고 한다. 그렇게 재촉할 처지가 아닌데도. 그만큼 조급한 것이겠지 이해는 하면서도 새삼 남편이 무슨 일이든 서두르는 성품이 있다는 걸 다시 한번 깨달았다. 삼십여 년 전에 남편 사업장에서 트럭에 짐을 싣는데 기사가 차 위에서 떨어지는 사고가 났었다. 그 기사가 병원에 입원했는데 병원에만 찾아다니는 중개인이 남편이 밑에서 서두르며 채근해서 떨어졌다고 고발하라고 했던 사건이 있었다. 꼭 그런 일이 아니더라도 남편은 일상생활에서 어떤 상황이 닥치면 다급하게 서두르는 경향이 있다. 그러다 보면 스트레스도 더 많이 받고 그것이 질병으로 이어지지 않았나 생각도 해본다.

수필반도 탁구장도 교회도 코로나 검사 결과가 나오기 전까지 아무 데도 가지 않고 집에서 조신하게 있기로 했다. 두근대는 심장을 지긋이 누르며 심호흡을 해본다. 어려운 일 생길 때마다 피할 길을 주시는 하나님이 앞으로도 지켜주실 거라는 믿음을 가지고…….

서울의 잠 못 이루는 밤

연일 장맛비가 기승을 부린다. 올해가 가장 긴 장마를 기록했다는데 그래도 서울에 도착했을 때는 우산을 받지 않고 갈 수 있었다. 어제저녁부터 철도도 끊긴 데가 있고 잠수교도 통행금지, 사방에서 수해 피해 소식으로 뉴스가 도배되었던 오늘 우리 노선에 지장이 있으면 어쩌나 노파심이 생긴다.

진료받을 교수님은 우리나라에서 비뇨기 분야에서 명인으로 인정받은 분으로 지금까지 로봇수술을 2,400회 이상 했다고 한다. 그 말을 듣고 전국의 암 환자가 다 몰려오는 것 같았다. 월요일은 그나마 오후 진료밖에 없어 환자가 거의 5분 만에 한 명씩 바뀌는 느낌이다. 환자 한 명에 부인 자녀 등 서너 명씩 보호자가 있으니 병원은 북새통이다. 암 환자 아닌가. 가족들도 불안하니 같이 왔으리라. 우리도 사위가 연가까지 내고 같이 기다렸다. 사위가 혹시 모르니 하룻밤 머물 수 있도록 짐을 챙겨 오라고 했는데도 속옷 한 장만 가져오고 세면도구, 약 등 가져오지 않은 게 너무 많았다. 아쉬운 대로 매점에서 부족한 것을 준비했다.

남편은 이미 지방 병원에서 진단받고 갔지만 또 그 병원서 같은 검사를 다시 하고 내일 가장 궁금한 뼈 검사와 MRI를 찍기로 했다. 내일 오전 진료이니 전주에 내려갔다 올라와도 되는데 그럼 또 새벽 기차를 타야 한다. 남편은 피곤한지 호텔서 자고 편한 시간에 오자고 했다. 확실히 환자라 마음도 바뀌었다. 이전 같으면 갔다 오자고 했을 거다. 의사 선생님은 난도가 높으나 이런 경우 뼈까지는 전이되지 않은 것 같다는데 기계가 말해주니 일단 검사를 해봐야 한다.

'호텔 신라 스테이'는 '홀리데이 인' 처럼 작은 크기이지만 깔끔하고 갖출 것은 다 갖추어져 있었다. 아침 식사도 괜찮고. 그래서 그런지 젊은이들이 단체로 여행 가방을 끌고 줄을 서서 기다리고 있었다. 코로나 때문에 불안감은 있었지만, 지난번 노숙자 체험도 했던지라 마치 여행이라도 온 것 같은 착각 속에 잠자리에 들었다.

두 딸이 아빠가 입원하는 동안 병실과 간병인 비용을 댄다고 한다. 그래도 자식이 있어 이럴 땐 자식 덕을 보게 되었다. 남편은 자기는 환자고 간병은 내가 해야 하는데 간병인이 무슨 필요가 있냐며 안 써도 된다고 한다. 한 이십 년 전에 남편이 맹장 수술을 한 적이 있었다. 그때 몸집이 워낙 큰 남편을 며칠 간병 하느라 힘들었다. 지금은 그때보다 내가 나이도 더 들어서 전신마취 수술을 한 남편을 간병 한다는 건 어려울 것 같았다. 그런데도 남편은 그새 그 사실을 잊고 간병인이 필요 없다니……. 남편이 간병인을 쓰라고 하고 아내는 무슨 간병인이냐고 내가 한다고 해야 하는 상황인데 우리 집은 거꾸로 되었다. 돌아오는 길에 내가 구시렁거렸다.
"나는 덩치 큰 당신 이제 간병 못 해요."

수술 환자를 간병해야 한다는 생각을 하니 머리가 깨지게 아파왔다. 몇십 년 전에 남편이 요도결석 수술했을 때도 마침 대학생이던 남동생이 간병해서 난 퇴근하고 얼굴 좀 보는 정도밖에 수고하지 않아서 수월했었다. 간병을 해보지 않은 나에게는 그것 자체가 스트레스였다. 하지만 그런 생각을 하는 것도 너무 이르다. 지금은 수술을 할 수 있는 상황만 돼도 좋을 것 같았다. 뼈 사진을 찍기 전까지는 아무것도 계획할 수가 없다.

'한 부자가 그 밭에 소출이 풍성하매 심중에 생각하여 이르되 내가 곡식 쌓아둘 곳이 없으니 어찌할까 하고 곳간을 헐고 더 크게 짓고 곡식과 물건을 쌓아 두리라. 영혼아 여러 해 쓸 것을 많이 쌓아두었으니 평안히 쉬고 먹고 즐거워하자.' 고 하였다. 하나님이 이때 "어리석은 자여 오늘 밤에 네 영혼을 도로 찾으리니 그러면 네가 준비한 것이 누구의 것이 되겠느냐?"(누가복음 12:16~20)라는 성경 말씀이 생각난다.

오전 시간에 주사액을 맞고 오후 2시에 와서 뼈 사진을 찍자고 했다. 주사액이 뼈 속에 골고루 퍼지도록 그동안엔 물을 자주 마시라고 한다. 남편은 그 서두르는 성격이 또 나와 암 병동에서 본

관까지 가보자고 했다. 나도 딱히 할 일도 없던 터라 연결 통로를 지나 영상 촬영실로 갔다. 남편은 5시에 MRI가 예약되어 있는데 접수하면서 우리는 임실서 왔는데 밤에 차도 마땅히 없으니 조금 일찍 해주면 어떻겠냐고 허실 삼아 사정해 보았다. 간호사는 자기도 순창 사람이라며 지금 찍자고 준비하란다. 여기서 전라도 사람의 혜택을 보다니. 사람들은 걸핏하면 하나님을 찾는 나를 어떻게 생각할지 모르지만 이럴 땐 저절로 감사하다는 말이 나온다. 남편의 서두르는 성격이 오늘은 승리!

남편은 원래 초저녁잠이 많은 데다 오늘은 검사하느라 여기저기 끌려다녔으니 피곤한지 일찍 잠들었다. 반대로 나는 오늘 같은 날은 잠이 일찍 오지 않을 것 같아 병상일지를 쓰다가 남편을 위해 불을 꺼야 할 것 같아 억지로 잠을 청했다. 서울의 잠 못 이루는 밤은 저 혼자 흘러간다.

(2020. 8. 3.)

끈끈한 가족애

●

남편이 수차례 병원 비뇨기과에 진료를 조금 빨리 해달라고 전화했다. 남편의 서두르는 성격에 조바심까지 더했지만 이번에는 통하지 않았다. 월요일은 오전만 진료하기 때문에 환자가 더 몰려든다. 지난 월요일에도 의사 선생님이 다섯 시에 퇴근하지 못하고 여섯 시에 했다고 월요일은 절대 환자를 많이 받지 말라고 했단다. 그리고 뼈 검사 결과도 그땐 안 나온다고 진료 시간만 오전으로 바꿔주었다. 오후 5시에서 오전으로 바뀌어 집에 일찍 갈 수 있게 됐다. 남편 방법이 반은 통했다.

예약된 진료 시간이 20분이나 지연되어 드디어 우리 차례가 되었다. 오늘은 딸이 방학이라 사위, 딸과 함께 결과를 보러 갔다. 기다리는 20분이 두 시간처럼 길게 느껴졌다. 박사님은 숫자 8이 6.5로 내려갔고 뼈도 전이가 안 되었다고 수술만 하면 된다고 했다.

“하나님 감사합니다.”

오늘은 박사님께 수술을 빨리 해 달라고 떼를 쓸 작정을 하고 왔는데 의사 선생님은 수술을 그렇게 하는 것이 아니라고 한다. 저번 7월에 조직 검사한 곳이 완전히 아물어야 깨끗한 상태에서 수술할 수 있다고 딱 한 달 되는 20일에 수술시켜 준다고 했다. 그렇게 유명한 박사님이지만 소박하고 수수한 인품에 설명도 차근차근 잘해줬다. 그분도 익산 사람이란 말을 들어서 그런지 더 친근감이 갔다. 우리나라 사람들은 어딜 가나 학연 지연을 찾는다지만 왠지 통하는 것은 어쩔 수가 없다.

기다리는 열흘 동안 남편과 나는 매일 가정 예배를 드리며 “예수 그리스도의 이름으로 명하노니 암세포는 호리라도 뼈 속에 들어가지 말지어다. 난도 8인 암 덩이는 쭈그러질지어다. 의사 선생님이 수술하기 좋은 위치로 바뀔지어다!” 하고 선포 기도를 했다. 남편은 ‘아멘!’ 하라고 해도 하지 않는다. 그래도 찬양할 때 조금 입을 떼기도 했다. 예전에는 예배드릴 때 완전히 방관자였는데 그래도 암에 걸리니 약간의 변화가 생겼다.

물론 나는 원래 믿음이 있어서 걱정은 그렇게 되지 않았지만 그래도 앞으로의 상황을 모르기 때문에 시시때때로 불안감이 쳐들어온다. 그럴 때마다 ‘아무것도 염려하지 말라’는 성경 말씀으로 기도하면서 평안을 찾을 수 있었다. 그 시간에도 미국에 있는 큰딸은 올 수도 없는 상황에서 기도 모임서 간절히 기도했다고 한다. 작은딸은 작은딸대로 철부지인 줄만 알았는데 온 가족이 남편의 질병 때문에 더 사랑으로 뭉치고 돈독한 가족애를 느낄 수 있었다.

딸네와 점심 식사를 하고 돌아오는 발걸음은 가벼워졌지만 이젠 수술 과정을 어떻게 잘 견딜까 그게 염려가 된다. 남편은 환자라 걱정하겠지만 나는 나대로 아내로서의 역할이 있기에 신경이 많이 쓰인다. 그동안 남편이 요리를 잘해 거의 남편이 반찬을 할 때가 많았다. 대접만 받다가 이젠 내가 새로운 반찬을 끼니마다 두 가지씩 요리해서 오순도순 먹으니 밍밍했던 부부애가 살아난다. 세상에 공짜는 없다는 말이 있지만 이젠 내가 갚아야 할 차례다. 남편도 마음은 좋지만 표현력이 없어 툭툭 했던 대화체가 순해져서 질병이 사람을 오히려 더 좋은 방향으로 변화시켰다. '고난이 유익'이라고 이런 질병을 통해서 하나님이 우리 가정을 더 세워주시리라 믿고 수술 날짜를 기다린다.

(2020. 8. 12.)

동고동락

연일 뉴스에서는 세브란스병원 안과에 확진자가 나와 안과 병동이 폐쇄됐다는 소식이 흘러 나왔다. 이 상황에서 코로나까지 걸리면……. 순간 앞이 캄캄하다. 뉴스는 확진자가 삼사백 명대로 퍼졌다는 소식을 전한다. 그럴수록 하나님께 매달릴 수밖에 없다. 서울에 가기 전 새벽, 암담한 마음으로 실컷 기도했더니 죽으면 죽으리라는 담대한 힘이 생겼다. 수술받기 전에 환자가 코로나19 검사를 해서 음성이 나와야 수술시켜 준단다.

하루 전 서둘러 기차와 택시로 병원에 도착했다. 본관에서 검사하고 16층 병실로 올라갔다. 면회도 금지되고 오직 보호자 한 명만 허락된다. 이전엔 하루에 두 번 면회를 할 수 있었는데 코로나19 때문에 일절 금지다. 코로나 검사 결과를 기다렸다가 오늘 수술받게 되었다.

머리가 지근지근 아프다. 이삼 년 전부터 머리가 아프면 혈압이 올라간다는 증세라는 것을 체험으로 알게 됐다. 뭘 좀 깊게 생각하면 으레 그 증세가 나왔다. 근데 또 그 증세가 시작됐다. 내가 가장 두려워하는 간병 문제 때문이었다. 딸들은 내가 일을 못하고 평소에 신경을 쓰면 혈압이 올라가는 것을 알고 엄마는 간병을 못하니 간병인을 쓰라고 했다. 그러나 코로나 때문에 병실엔 오직 보호자 한 명만 있어야 해서 간병인을 쓸 수가 없었다. 남편은 은근히 내가 있어 주기를 바라는 눈치라 간병인을 써도 내가 한 번씩 와서 돌봐준다고 했더니 겨우 허락했다.

한밤중에 느닷없이 짐승의 울부짖는 소리처럼 고통스러워하는 신음 소리에 잠이 깼다. 의사들이 부산하게 움직이는 것이 급한 일이 터진 모양이다. 나는 '막 수술해서 저렇게 괴로워하는구나.' 하고 생각했다. 순간 내 모습이 돌아봐진다. 남편은 수술하고 괴로워하고 있는데 내 건강만 생각해서 피하려고 했던 내 자신이 부끄러워졌다. '그래 부부는 동고동락이라'고 했는데. 이 상황을 회피하면 부부가 아니지.' 이런 생각이 들자 잘 감당하게 해달라고 계속 기도가 나왔다. 수술한 환자도 있는데 간병 문제 갖고 기도하는 내가 좀 한심한 것 같지만 그만큼 나에겐 큰 문제로 다가왔다.

남편이 오늘 수술하는 사람 중에 고령자라 그런지 첫 번째로 수술해 준다고 했다. 나도 내심 그러기를 바랐는데 잘됐다는 생각이 들었다. 병원에 입원한 지 3박 4일이면 퇴원해야 해서 회복 시간을 좀 더 많이 갖기 위해 일찍 수술하기를 바랐다. 병원 수술 제도도 옛날과는 많이 바뀌었다. 이전에는 드라마에 나오는 것처럼 수술실 밖에서 초조하게 기다리고 있었는데 지금은 수술실까지 갈 수가 없고 보호자는 병실에서 기다리고 있으라고 했다. 직원이 와서 환자를 데리고 갔다가 수술 다 끝나고 데려다준다고 했다. 수술실로 떠나는 남편에게 내가 끝까지 간병해 줄 테니 염려 말고 수술 잘 받고 오라고 안심시켜 보냈다.

사위는 나 혼자 있으면 초조해할까 봐 휴가를 내고 왔는데 병실까지 오지도 못하고 내가 3층 로비로 나가서 만날 수밖에 없었다. 멀리서 온 사위와 점심 한 끼도 같이 하지 못하고 수술 끝난 남편 얼굴을 잠깐 보고 사위는 그냥 내려갔다. 사실 남편의 수술이 언제 끝날지 몰라 편안히 식사하고 있을 수도 없는 상황이었다. 수술이 끝났다는 전갈이 왔다. 생각보다 일찍 끝난 것으로 보아 어려운 일은 생기지 않은 모양이었다. 병실에 올라가니 언제 수술했냐는 듯 남편은 평온한 얼굴이었다. 배가 조금 아프다고 하더니 이내 잠이 들었다.

남편은 배에 구멍 다섯 개를 뚫어서 로봇 팔을 넣어 수술을 하고 구멍 한 개는 불순물 빼는 관을 넣었다. 의사는 이전에 맹장 수술을 한 곳에 장이 유착되어 로봇 팔을 집어넣지 못하면 그땐 또 개복을 할 수도 있다고 했다. 수술 후유증을 최소화시키기 위해 로봇 수술을 선택했는데 개복을 하면 무슨 의미가 있겠는가? 그것 때문에도 기도를 많이 했다. 어떻게 됐는지 배부터 보았다. 다행히 개복은 않고 로봇수술만 했다.

보호자 식사를 함께 주문해서 식사 때가 되자 식사가 착착 나왔다. 남편은 오늘 저녁은 안정을 하느라 식사도 주지 않고 금식이다. 혼자만 식사를 하기도 미안했지만 코로나 때문에도 나가기가 싫고 안에서 먹으니 편리했다. 조리사들이 침대에까지 식판을 가져다줘서 보호자가 없는 사람도 병원 생활을 할 수 있었다. 그렇게 두려워하던 간병인 노릇도 할 일이 없어 옆에서 잠만 잤다.

이제까지 내가 염려하던 것이 기우라는 것을 체험한 일이 한두 번이 아니건만 문제에 부딪히면 괜히 스트레스를 받는다. 하나님은 언제나 피할 길을 주시고 감당할 수 있는 시험밖에 주시지 않는다는 것을 알면서도. 하마터면 수술한 남편 간병도 안 했다고 평생 원망 들을 번했다. 남편은 전신마취는 했지만 무통주사다 뭐다 좋은 주사들이 많아 수술도 힘들지 않게 할 수 있어서 감사했다. 저녁에 가스가 나왔다고 내일부터는 미음부터 시작해서 식사를 할 수 있다고 했다,

결혼식 때 주례 선생님께 들었던 '부부는 일심동체 동고동락'이란 말씀을 이렇게라도 지킬 수 있어서 감사하다. 알고 보니 어제 그 환자는 수술한 사람이 아니고 며칠 전에 수술을 하고 퇴원을 했는데 소변이 나오질 않아 배가 부풀고 괴로워서 응급 환자로 왔다고 한다. 하나님은 그런 환자를 통해서도 나에게 아내의 도리를 깨우치게 하셨다.

(2020. 8. 20.)

나에게 다 생각이 있다

병실 창밖에서는 세찬 비바람이 춤을 춘다. 태풍까지 온다는 뉴스가 마음을 어둡게 한다. 수술한 다음날부터 남편과 나는 돌아갈 차편 문제로 신경을 쓰고 있다. 이럴 땐 자녀들이 모시고 퇴원하면 되는데 우리 사위는 청주에 살고 있어 서울로 전주로 또다시 청주로 가라고 하기는 무리인 것 같았다. 큰 사위라면 원래 운전 체질이라 괜찮은데 작은 사위는 서울 사람도 아니고 시키기가 어려웠다. 병원에서는 기차로 가라고 하는데 코로나 때문에 내키지 않았다.

용산역에서 만났던 모범택시 기사님이 생각났다. 그동안 남편 건강 문제로 서로 안부 문자를 주고받을 정도까지 안면이 생겨서 예약했다. 그런데 식사가 문제였다. 휴게실을 이용할 수가 없으니 도시락을 준비해야 할 것 같았다. 아직 서울 땅도 벗어나지 않았는데 비가 억수같이 쏟아진다. 퇴원을 일찍 서둘렀지만 수속이 끝나니 열두 시가 다 됐다. 비는 앞을 못 볼 정도로 쏟아진다. 점심시간이 넘어가고 있어 어디에 발붙이고 들어갈 틈이 없었다. 소변줄을 낀 남편에게 세균이 감염되지 않도록 비를 맞아서는 안 되는데, 걱정이 된다. 우리 차라면 차 속에서 식사하면 되지만 영업용 택시라 그런 말을 할 수도 없었다. 난감했다. 차창을 때리는 빗줄기를 보며 '하나님 우리 어디서 밥 먹어요?'이런 어린아이 같은 기도가 나왔다.

안성휴게소 부근에 도착하자 거짓말같이 비가 사르르 잦아들었다. 무방비 상태의 어린 아기는 엄마가 일절 보호를 해줘야 하듯이 우리 또한 지금은 어린아이와 같은 상태였다. 우산도 없었고 중간에 소변줄도 비워야 해서 휴게소엔 꼭 들러야 했다. 병아리가 어미닭의 품에 있을 때 안도감을 느끼고 평안한 것처럼 하나님의 날개 아래 보호받는 느낌을 받았다. 식사할 때까지도 햇살이 비치기에 비가 다 온 줄 알았는데 고속도로에 들어서자 언제 그랬냐는 듯이 퍼부어 댔다.

지난 4월에 미국에서 들어올 때 코로나가 한창이어서 무조건 미국 입국자들에게 자가 격리를 시키는 험악한 시절이었다. 물론 지금도 마찬가지지만 그땐 처음 시작하던 때라 공항에서 기차로 거리 두기를 해서 데려간다고 했다가 버스로 데리고 간다고 했다가 정책이 날마다 바뀌었다. 남편은 바뀌는 정책을 전달해주기에 바빴다. 난 큰 여행가방 두 개와 기내용 가방을 들고 어떻게 기차역까지 가야 하나 많은 염려가 되었다. 알고 보니 우리 마음대로 돌아다니는 것이 아니라 가만히 있으면 지자체 공무원들이 다 알아서 해주는데 괜히 걱정을 했다. 아이들이 작은 머릿속으로 이리저리 궁리해도 어른들이 볼 때는 아무것도 아니듯이 우리는 다 하나님 손안에 있고 가만히 맡기고만 있으면 된다는 것을 또다시 체험했다.

이스라엘 백성들이 출애굽 할 때 갖은 고생 끝에 다다른 곳은 홍해였다. 앞은 바다, 뒤에는 애굽 군대 그야말로 진퇴양난, 이스라엘 백성들이 모세에게 불평하자 모세가 '너희는 두려워하지 말고 가만히 서서 여호와께서 오늘 너희를 위하여 행하시는 구원을 보라.(출애굽기 14:13)' 라는 말을 하며 지팡이를 들고 위로 내밀자 그 유명한 홍해가 갈라지는 기적이 일어났다. 평소에 내가 가장 마음에 새기는 성경 말씀을 오늘 또한 체험했다. '두려워하지 말거라 나에게 다 생각이 있다.' 라는 하나님의 음성을 듣는 것 같아 내 마음이 빵빵해졌다.

내 몸을 이웃과 같이

온종일 TV 뉴스에서는 코로나19와 의료계 파업 문제로 시끌벅적하다. 전공의들이 없어서 실밥을 빼는 일이 미뤄질까 봐 내심 신경이 쓰였다. 하지만 그것도 기우였다. 병원에서는 예상대로 진료가 되니 안심하고 오라는 전갈을 해왔다. 남편은 십여 분 지나자 소변줄도 제거하고 실밥도 다 빼고 금방 나왔다. 말이 실밥이지 꿰매는 것도 쉽고 제거할 때도 몇 번에 나누어 슥슥 떼어낸다고 했다. 요즈음은 수술법도 많이 편리해졌다. 남편이 수술하고 나자 의사 파동이 났다고 남편은 특별히 하나님이 봐주는 것 같다고 지인이 말했다.

우리는 병원에 다니는 노하우가 생겼다. 무조건 예약한 시간보다 일찍 가서 간호사에게 부탁하면 시간 되는 대로 일찍 진료해주었다. 오늘도 일찍 혈액검사를 마치고 두 시간 후 검사 결과가 나온다고 하여 보험회사에 제출할 복잡한 서류를 다 신청하여 교부 받았다. 병원에 갈 때마다 의사 파업이다 태풍이다 어려운 문제가 생기지만 사이사이 피할 길을 주셔서 예정대로 다 마치게 해 주시니 감사할 뿐이었다.

담당의는 수술할 때 조직 검사한 결과를 보고 암이 요도에 침범했는데 거길 제거하면 요실금 환자가 될까 봐 완전히 제거하지 못했다고 했다. 앞으로 몸이 회복되면 방사선 치료를 받아야 된다고 했다. 수술만 하면 모든 것이 끝나는 줄 알았는데 또 방사선 치료까지 받아야 한단다. 일반적으로 암환자들이 머리를 밀고 고통스러워하는 그런 과정을 겪어야 한다니. 남편이 순간적으로 실망하는 모습이다. 난 지금까지 지켜주신 하나님만 믿고 열심히 기도하리라고 마음을 다잡는다. 난도 8을 6.5로 바꿔주신 하나님이 치유의 광선으로 암세포를 없애주실 줄 믿고 딸들에게도 선포 기도 하라고 말해줬다.

담당의는 소변줄을 제거하고 나면 당분간 소변이 뜻하지 않을 때 나오는 수도 있으니 운동을 열심히 해서 근육을 키워야 한다고 말씀하셨다. 인터넷에 후기를 쓴 내용들을 보면 한 달간 패드를 이용한 사람도 있다고 하여 만반의 준비는 해놓았는데, 남편은 첫날부터 그걸 한 번도 사용하지 않을 정도로 회복이 빨랐다. 이건 하나님이 적극적으로 관여하셨다고 밖에 다른 할 말이 없었다. 문제는 남편이 자기 병의 심각성을 모르고 요양하지 않고 사무실에 가려고 해서 늘 나와 티격태격하는 것이다.

의사 선생님이 운전도 살살 해도 된다고 했다면서 이튿날부터 관촌으로 진안으로 돌아다녔다. 물론 할 만하니 그러겠지만 집에서 요양하면서 식사도 잘 챙기고 몸을 관리해야 하는데, 이제까지 자기 몸을 돌보지 않아 이런 병이 걸렸는데 말려도 막무가내다. 몸이 첫째고 생활방식도 정반대로, 마음가짐도 백팔십도 바꾸라고 틈만 나면 세뇌시킨다.

암환자들은 수술하고 나서도 한동안 우울증이 있을 것을 예상하고 우울증 약을 주는데 남편은 우울증은 고사하고 그 반대라 그것도 염려가 된다. 한동안 멍하니 먼 산을 바라보는 듯하고 있으면 우울증 증세인가 하여 그것도 보기 싫고, 이래도 저래도 관찰 대상이다. 어쨌든 힘든 수술도 잘 이겨내고 티 나지 않게 예전의 생활로 바로 복귀한 남편이 대견하다. 감사하면서 아직은 모든 과정이 남아 있어 생활 방식을 바꾸는 데 주력하고 있다.

서울 병원에서 퇴원하고 집 옆의 병원에 입원하고서도 새벽에 외출증을 끊어 학교 운동장을 돌고 집에 들러 씻고 나가면서 조용히 쓰레기를 처리하고 간 남편. 편하기도 하지만 그런 이타심이 병을 불러오지 않았나 하는 생각에 마음이 짠하다.

자식 사랑은 물론이고 하다못해 지인들과 식당에 가면 남편이 가장 연장자인데도 셀프 반찬을 나르는 등 봉사 정신이 몸에 배어 있다. 교회 체육대회를 하면 주 메뉴 음식 일체를 혼자 다 준비하여 자기는 음식도 잘 먹지 않고 고기를 구워주며 사람들을 대접하는 것을 기쁨으로 안다. 음식을 큰 함지박으로 한가득 준비하여 봉지 봉지에 싸서 나누어 주는 것이 남편 취미다. 초등학교 동창회 때는 70명분 영양밥 도시락과 찌개 재료를 준비하여 먹였다. 또 근 삼십 명 되는 동창들을 집으로 초대하여 손수 준비한 음식으로 잔치를 베푼 적도 있다. 오죽하면 친구들이 '자랑스러운 동기생'이라는 감사패를 주었겠는가. 친구들은 내가 준비한 줄 알고 나에게 인사를 해서 남편이 했다고 해도 믿지를 않았다.

성경에서는 '내 이웃을 내 몸과 같이 사랑하라.'고 했지만, 남편에게는 '내 몸도 이웃과 같이 사랑하라.'는 것을 첫째로 삼아야 할 것 같다. 이젠 자기 몸을 잘 돌봐서 딸들에게는 오래오래 든든한 아버지요, 나에겐 큰 품으로 품어주는 남편으로 남았으면 좋겠다. 평소 기도대로 이웃과도 나누면서 하나님께도 충성스러운 일꾼으로 사명을 잘 감당하는 노후가 되었으면 한다.

하나님 앞에 갔을 때 '너 무엇 하다 왔느냐.'고 물으시면 평생 가족들 먹여 살리다 왔다고 하면 조금은 부끄러울 것 같다. '그것은 기본이요 나를 위해서는 무엇을 했느냐, 또 이웃을 위해서는?' 내가 남편에게 늘 하는 말이다. 하나님, 이웃, 나를 동등한 비율로 사랑할 수는 없을까. 아마도 그것은 우리가 평생 풀어야 할 숙제이리라.

죽을병이 든 히스기야 왕에게 십오 년의 생명을 연장시켜 주신 하나님이 우리 남편이 하나님 앞에 가서 할 말이 있도록 남은 노후를 목적 있는 삶을 살아갈 수 있는 기회를 주실 줄 믿는다. 그러려면 자신의 몸을 잘 돌보는 것이 우선이라고 생각한다. 지금이라도 깨닫게 하시려고 이런 병을 주셨는데 그것을 아는지 모르는지 오늘도 사업을 못 잊어 사무실에 나가서 돌아오지 않고 있다.

(2020. 8. 31.)

제6부 플라멩코 춤에는 집시가 없다

윤효숙 作, **천상의 꽃**, 한국 채색화, 40cm×59cm

집시들의 애환과 치유, 기쁨이었던 플라멩코 춤!
하지만 스페인 정부의 문화와 관광 상품이 되어버린
오늘날의 플라멩코 춤에는 집시가 없다.

루레이, 그 백만 년의 신비

워싱턴에서 두 시간 정도를 달리면 버지니아 주 루레이 동굴이 있다. 3년 전 미국에 왔을 때, 50년 지기 친구를 만나 지난해에는 1일 코스로 워싱턴 벚꽃 관광을 했다. 올해엔 1박 2일 코스로 한 단계 발전했다. 미국 동부에서 가장 크고 세계에서도 일곱 번째라는 루레이 동굴은 워싱턴을 낀 하룻밤 코스로는 그만이었다. 물론 워싱턴은 이미 수차례 관광을 했지만, 친구와 함께하는 그 기분을 어디에 비교할 수 있으랴. 일곱 시간의 긴 여정도 50년 동안의 추억거리가 있어 전혀 지루하지 않았다.

워싱턴에서 하룻밤을 묵고 끝없이 이어지는 셰넌도어 국립공원의 숲속을 달렸다. 푸른 초원에 간간이 그림 같은 집이 있고 한적한 길이어서 우리의 기분은 한껏 부풀어 있었다. 갑자기 저 사람들은 무얼 먹고 사나 하는 의구심이 들었다. 은퇴한 분들이 주로 산다는 안내원의 설명이었다. 어느새 면 소재지 정도의 규모로 보이는 마을에 도착했다. 관광지에 흔히 볼 수 있는 가게에 들어가 입장권을 끊고 들어가니 바로 아래서부터 루레이 동굴이 이어졌다. 그동안 내가 본 동굴들은 대부분 산길을 가다가 동굴이 시작되었다. 그러나 루레이는 상가 바로 밑이 동굴이어서 10여 미터 내려가면서 종유석이 주렁주렁 달린 진풍경이 펼쳐졌다. 싱겁기도 하고 조금은 허망하기도 했다. 그러나 모퉁이를 돌 때마다 종유석과 석순은 웅장하고 기이하여 안으로 들어갈수록 더욱 입이 벌어졌다.

우리나라에서도 고수동굴, 환선굴, 금강굴 등 많은 동굴을 보았다. 중국의 동굴도 보았지만, 이 동굴은 이곳만의 특징이 있었다. 종유석이 한두 군데 잘려 나간 부분도 있었지만, 다른 동굴에 비해 원형을 그대로 유지하고 있었다. 위에서 아래로 떨어지며 자라는 것은 종유석, 아래부터 위로 올라가는 석순, 이 둘이 만나서 합쳐지면 석주라고 한단다. 이곳은 무수한 종유석과 석순 석주가 있었다. 물의 깊이는 겨우 10㎝에 불과한듯 한데, 그 깊이를 알 수 없는 호수 밑에 수만 길 높이의 빌딩 숲이 있는 것처럼 보이는 곳에 이르자 탄성이 나왔다. 보는 이의 생각에 따라 환상의 꿈을 꾸게 하는 '꿈꾸는 호수(dream lake)', 천하대장군과 지하여장군이 사열하는 듯한 종유석 군락도 놀라웠다. 주황색 초콜릿이 녹아 흘러내린 것 같은 부드러운 종유석, 석주가 힘을 버티지 못하여 콰당 넘어지자 그 위에 다른 종유석이 집을 짓고 있었다.

밀가루 반죽으로 칼국수를 만들려다 그대로 이리저리 접어서 커튼을 만든 듯한 하늘거리는 커튼 종유석도 신기한 풍경이었다. 마치 커튼에 무늬가 있는 것처럼 색이 다른 줄무늬가 있어 참으로 기이했다. 울릉도에 있는 오징어 말리는 막대기를 옮겨다 놓은 양, 오징어 다리들이 수십 마리가 걸려 있었다. 프라이드 에그스(fried eggs)는 자라고 있는 석순을 누군가가 만져서 그런 모양이 됐다고 하는데 계란 프라이와 똑같은 모습이어서 웃음이 나왔다.

종유석은 사람이 만지면 더는 자라지 않는다고 하여 만지고 싶은 충동을 참는 것도 고역이었다. 살짝 한 번 만진다고 어떻게 되지도 않을 텐데 만져보지 못하고 온 것이 지금까지도 아쉽다. 중앙으로 들어가자 제일 높고 넓은 곳이 나왔다. 1954년 '리그닌드 스프링클'이란 사람이 종유석에 천을 댄 망치를 두드려 종유석 파이프 오르간을 만들었단다. 두드리면 '둥-둥- 딩동~'하는 신비한 소리가 났다. 종유석이 연주한다는 말은 처음 들어 보았다. 마치 태고의 음악을 듣는 듯 경이로운 체험이었다. 그 밖에도 아이스크림, 공룡의 이빨, 산타할아버지의 수염 등 무한한 상상력을 발휘하며 관람하고 나니 벌써 한 시간이 흘렀다. 나올 때는 다른 길을 따라 나갔다. 돌아가는 길에 보는 또 다른 기묘한 종유석들의 향연에 나의 마음을 그곳에 남겨 두었다. 진정 일곱 시간을 달려온 보람이 있었다.

루레이 동굴의 최초 발견자 앤드루 캠벨은 1878년 8월 13일 양들이 한쪽에 모여 있는 것을 보고 그곳으로 갔다. 무더운 여름날 구멍에서 냉기가 흘러나왔고, 사촌 퀸드캠벨과 함께 구멍을 넓혀 나가자 한 번도 보지 못한 동굴을 발견했다. 사진사 벤턴 스태빈스와 함께 부도가 나 경매에 들어간 루레이 동굴을 사들였다. 이 동굴이 세상에 알려지자. 큰 인기를 끌었다. 뒤늦게 알게 된 땅 주인은 무효소송을 벌여 이긴 뒤부터 국립공원 속에 있지만 개인 소유로 지금까지 내려오고 있다고 한다.

루레이 동굴은 약 100만 년 전 지하 석회암층에 흘러내린 지하수에 의해 생겼는데, 물이 지나가는 곳은 지금도 자라고 있고 물이 마른 곳은 그대로 고착되어 현재의 형태를 이루었다. 지금은 이런 모습이지만 앞으로 100만 년이 지나면 또 어떤 모습이 될까? 우주 만물을 창조하고 자기 뜻대로 이루어가는 하나님 앞에 우리 인간은 너무나 작고 연약한 존재임을 다시 한번 느꼈다. 백만 년 전의 태고의 신비를 그대로 간직한 루레이 동굴은 친구와 나에게 추억의 나이테를 하나 더 만들어준 고마운 동굴이었다.

(2014. 4. 28. 미국 버지니아 주 루레이 동굴을 관광하고.)

ㄱㄴㄷㄹㅁㅂㅅ 우리나라 만세

지금 우리나라는 세월호 침몰로 유가족은 물론 온 국민이 깊은 슬픔과 알 수 없는 분노에 빠져있다. 우리나라 사람이라면 국내외를 막론하고 한마음으로 기도하고 애도하고 있다. 그것은 잠시 머무는 이곳 미국의 교포들도 마찬가지다. 아울러 희생자와 가족에게 삼가 조의를 보낸다.

이런 와중에서도 나는 곧 미국을 떠나야 하는지라, 딸네 식구와 함께 지난해에 갔던 아미쉬 마을의 밀레니엄극장에서 뮤지컬 〈모세〉를 감상하고 왔다.

하나님은 이집트에서 이스라엘 사람들을 노예에서 탈출시킨 뒤 모세에게 성막을 만들라고 명령하셨다. 성막이란 당시 텐트 생활하던 이스라엘 사람들이 제사드릴 수 있는 일종의 천막 교회라 할 수 있겠다. 성경 출애굽기 25장부터 32장까지 성막을 만드는 방법과 그 안에 놓을 물건의 크기와 재료 등이 세밀히 나와 있다. 또 제사장은 어떤 옷을 입고 무슨 일을 해야 하는지 자세히 언급되어 있다. 기독교인들은 이 부분을 읽을 때 머릿속으로 상상이 잘 안되어 읽어도 무슨 말인지 모를 때가 있다.

마침 밀레니엄극장에 가는 길가에 이 성막을 성경에 나온 대로 재연해 놓은 곳이 있다기에 가보기로 했다. 밀레니엄극장에 오는 사람들은 대부분 기독교인이기에 성막은 이미 관광지가 되어있었다. 우리나라에도 성막을 만든 교회가 있지만, 기회가 없어 가보지 못했다. 미국까지 와서 관람할 수 있다니 내 마음은 온통 기대에 부풀었다.

하나님은 나무로 만든 기구는 금으로 싸고 대접이나 접시 등잔대 등 모든 기구는 순금으로 만들라고 했다. 거기 전시된 기구는 모두 금색으로 보이는데 설마 실제 금은 아닐 것이다. 왜냐하면 실제로 만들려면 어마어마한 금이 필요하기 때문이다. 호떡만 한 떡도 한 쪽에 6개씩 12개가 있었다. 하나님은 이스라엘 백성에게 법궤를 옮길 때는 항상 사람이 매라고 했는데 매기 좋게 손잡이가 달려 있었다. 법궤 위에 큰 날개 달린 천사 두 명이 조각되어 있어 눈길을 끌었다.

제사장은 금, 황옥, 호박, 벽옥, 호마노, 홍보석, 녹주옥, 석류석, 남보석, 홍마노, 백마노, 자수정, 등 열두 보석으로 만든 옷을 입었다. 오늘날 그리스 정교인이나 성당 신부님이 화려한 가운을 입는 것도 다 이런 이유일 거라는 생각이 들었다. 성막에는 제사장의 인형을 만들어 밑에 레일을 깔아 안내원이 전원을 넣자 앞으로 쑥 나오게 했다. 돌아갈 때는 한 바퀴를 빙 돌아 다시 제자리로 돌아가는 모습이 흥미로웠다.

성막에는 지성소라는 공간이 있다. 그곳은 제사장도 들어갈 수 없고, 일 년에 한 번씩 대제사장만 들어갈 수 있다. 그것도 대제사장이 죄를 지었으면 그 자리에서 죽기 때문에 방울을 달고 들어가야 한다. 방울 소리가 나지 않으면 죽은 줄 알고 끌어내야 하는 엄숙한 곳이다. 이런 성막의 모습을 우리가 볼 수 있게 통유리로 만들어 놓았다. 그러나 관람만 할 뿐 들어가거나 사진 촬영은 못 하게 했다.

당시 제사장은 매일 양이나 소를 잡아 제사드렸다. 또 등불을 켜고 떡을 상에 놓았다. 기름이나 피를 뿌리고 고기를 삶거나 불에 태우기도 했다. 안내원은 마지막에 이런 모든 일들을 예수님이 오신 뒤부터는 하지 않게 됐다는 이야기로 끝을 맺었다. 예수님이 십자가에서 죽으실 때 자신이 제물이 되어 단 한 번으로 끝났기 때문이다.

성막의 벽면에는 당시의 상황을 알 수 있게 무수한 천막을 그림으로 그려 놓았다. 그중에 제일 앞쪽에 있는 한 천막이 눈에 띄었다. 다른 천막에는 글씨가 없는데 그 천막의 지붕 위만 글씨가 있었다, 제일 첫 줄에는 '주는 그리스도시요, 살아계신 하나님의 아들' 둘째 줄에는 '우리나라 만세' 셋째 줄에는 'ㄱㄴㄷㄹㅁㅂㅅ'이라고 씌어 있었다. 안내원은 내가 한국 사람 같았는지 나에게 읽어 보라고 했다. 또 뜻도 영어로 말해 보라고 했다. 얼마나 한국 사람이 많이 다녀갔기에 다른 나라 글씨는 하나도 없고 한글만 씌어 있을까. 이곳이 미국 땅인데 영어도 없고 우리글만 있을까? 순간 내 가슴이 뭉클했다. 그날도 관람객 열 명 중 여섯 명이 한국인이었다.

지금도 뉴욕 맨해튼 제일 번화가인 타임스퀘어에는 S 전자와 H 자동차, K 자동차, L 전자의 전광판이 밤하늘을 빛내고 있다. 호텔의 TV는 대부분 한국 회사의 제품이다. 물론 몇몇 대기업이 이름을 떨친다고 하여 우리나라의 수준이 올라가는 것은 아니다. 또한 우리의 생활이 좀 나아졌다고 해서 우리의 국민 수준까지 향상되는 것은 아니다. 사건과 사고로 인해 어디에 가서 한국 사람이라고 말하기조차 부끄러운 일들이 생기고 있다. 올라갔던 어깨가 갑자기 팍 쪼그라드는 느낌이다. 아직도 우리나라에는 안전 불감증과 부정과 부조리가 있으며, 인재人災로 인해 억울하게 죽는 사람들이 많다. 그런데도 우리는 좀 더 좋아지지 않을까 하는 작은 희망을 품어 본다. 우리의 이런 소망은 꼭 이루어져야 하고, 또 언젠가 그렇게 될 줄 믿는다. 그래서 천막의 글씨대로 '우리나라 만세'를 힘차게 부를 날이 오기를 바란다.

(2014. 5. 1. 랭카스터 이미쉬마을 성막을 다녀와서.)

달러의 왕 '라이언 킹'

사자들이 춤을 추고 얼룩말이 박자를 맞춘다. 기린은 특유의 기다란 몸집으로 동물들을 압도한다. 겅중겅중 뛰는 캥거루의 손놀림은 날렵하다. 코끼리의 커다란 몸집과 코는 장난스러워서 오히려 귀엽다. 유난히 코가 큰 코뿔소와 이름도 알 수 없는 새 떼가 하늘을 유유히 나른다. 정글은 동물의 축제로 한창 무르익고 있다.

뮤지컬 〈라이언 킹〉의 첫 장면이다.

3년 전 맨해튼 브로드웨이에서 뮤지컬 〈포기와 베스〉를 감상한 적이 있었다. 방문객인 나는 이미 뮤지컬을 보았는데 정작 미국에 사는 딸은 손녀 돌보느라 감상의 기회가 없었다. 그래서 이번엔 지난해 흥행성적 1위를 기록한 〈라이언 킹〉을 감상하기로 했다. 거의 같은 시기에 딸의 지인도 출산을 했다. 그 지인이 아기는 남편에게 맡기고 산후조리를 한 친정어머니를 모시고 뮤지컬 감상을 했단다. 딸도 그렇게 하고 싶어 했다. 두 손녀를 돌보느라 쩔쩔맬 사위에게 미안했지만 우리는 당당하게 맨해튼으로 갔다. 모처럼 딸이 결혼하지 않았을 때의 시절로 돌아가 나들이하는 마음은 그렇게 자유롭고 홀가분할 수가 없었다. 맨해튼엔 주차료가 30분에 만 원 정도이기 때문에 웬만해선 차를 가져오지 않는다. 하지만 기차를 타본 적이 없는 딸은 자동차로 갈 수밖에 없었다. 모처럼 외출을 하는 만큼 우리는 일찌감치 브로드웨이로 나가 허쉬 초콜릿, M∞M 초콜릿, 디즈니 가게 등을 관광했다.

민스코프극장은 1997년부터 '라이언 킹'을 하루 1회나 2회 공연하는데 표가 매일 매진되어 1주에 백만 달러를 벌어들인다고 한다. 지난해 10억 달러의 흥행으로 그동안 1위를 했던 〈오페라의 유령〉을 앞질렀단다. 그 비결은 성수기와 비성수기, 중간기의 값을 다르게 하여 운영했던 결과라고 한다. 보통 땐 평균 15만 원, 크리스마스 무렵엔 25만 원 정도 한다니 그런 수익을 올렸을 것 같기도 하다. 가족뮤지컬이라 4세 이상의 어린이들이 감상할 수 있다. 그러니 수익을 올리는 것은 오히려 당연하다. 딸과 나도 손녀가 어려 데려오지 못했지만 크면 꼭 보여주고 싶었다.

첫 장면은 모든 동물들이 출동하여 잔치를 벌인 뒤, 정글 왕 아버지 무파사가 노래를 부른다. 이때 어린 아들 심바가 합류하고 동물들은 특징에 맞는 몸짓으로 즐겁게 춤을 춘다. 이 뮤지컬의 특색이 가장 잘 나타나는 장면이다. 정말 살아있는 동물들의 모습을 인간들이 흉내 내는 것이 눈을 휘둥그레하게 만들었다. 이어 심바는 〈빨리 왕이 되고 싶어〉 등의 노래로 가창력을 발휘한다. 한편, 스카삼촌의 반역으로 심바는 아버지를 살해했다는 누명을 쓰고 사막으로 쫓겨난다. 그러나 어디서든 주인공을 돕는 이가 있는 법! 팀바와 품바의 도움으로 어른으로 성장한다. 우연히 옛 여자친구 날라를 만나 〈오늘 밤 사랑을 느낄 수 있나요?〉 라는 이중창으로 뮤지컬은 절정의 즐거움을 선사한다. 날라는 스카의 폭정과 하이에나 등이 정글을 삭막한 황무지로 만든다며 정글로 돌아갈 것을 권유한다. 심바는 다시 정글로 돌아와 우여곡절 끝에 정글 왕이 된다는 내용이다.

줄거리는 간단하지만, 이 뮤지컬의 가장 큰 장점은 배우들의 활약과 분장 기술이다. 동물의 분장과 연기는 모두 배우들이 한다. 무대에서는 동물들이 직접 나와서 돌아다니는 것 같은 착각이 들었다. 어떤 배우는 한 사람이 6마리의 동물을 연기하기도 했다.

〈라이언 킹〉은 디즈니 만화를 모체로 디즈니 회사가 인형극과 발레, 현대무용, 오페라를 총망라한 종합 뮤지컬을 만들었다. 아프리카를 여행한 지인이 금방 뚝 떨어질 것 같은 큰 별이 있는 초원의 밤을 말해 주었다. 난 아프리카에 가보지 않았어도 이곳 브로드웨이에서 정글의 영롱한 별을 감상했다. 뮤지컬 중 멀리서 동물들이 떼를 지어 무대 위로 몰려오는 장면 또한 압권이었다. 이 효과는 관객들로 하여금 눈을 뻔히 뜨고 속으면서도 속는 줄도 모르는 바보로 만들었다. 현대가 만들어낸 무대 기술과 안무 또한 최고의 찬사를 받을만 했다. 지금도 40여 개의 극장에서 왜 매일 뮤지컬이 공연되고 있는지 그 이유를 알 것 같았다.

미국은 2006년 이래 잠정적인 불경기에 접어들었다. 하지만 뮤지컬은 날로 호황을 누린다고 한다. 미국 경제에 대단한 효자 노릇을 하고 있는 셈이다. 다소 높은 가격이지만 충분한 가치가 있는 명품 뮤지컬이었다. 〈라이언 킹〉은 동물의 왕과 '달러의 왕' 두 가지 다 왕 대접을 받고 있다. 디즈니사는 디즈니랜드로 세계의 돈을 다 끌어모으고, 동물 뮤지컬을 제작하여 성공했다. 지난해 아카데미상을 받은 만화영화 〈겨울 왕국〉 때문에 한국이나 미국, 아니 전 세계의 어린이들이 〈렛잇 고〉를 흥얼거린다. 디즈니 스토어에는 꼭 사고 싶은 마음이 드는 각종 인형을 만들어 팔고 있었다. 그러나 가격이 너무 비싸 혹시라도 어린이들의 마음에 어두운 그림자를 드리우지 않을까 씁쓸하기도 했다. 상술을 발휘하여 〈겨울 왕국〉의 풍경과 드레스를 만들어 어린이들의 호기심을 끌었다. 나 같은 어른도 손녀에게 사주고 싶은 마음을 꾹 누르고 있는데 하물며 어린이들은 어떻겠는가. 자본주의 국가 미국이 관객의 주머니에서 돈을 긁어모으는 것이 얄밉기도 했지만 뮤지컬을 제작한 디즈니 관계자들에게는 박수를 보내지 않을 수 없었다.

(2014. 5. 13.)

· 인터넷 다움 백과 중 신문기사, 공연 안내문 참조

선상船上에서의 사색

●

지금은 늦은 저녁 9시 반, 한국시간으로는 벌써 깊은 밤일 텐데 발트해상에는 사라지기엔 뭔지 아쉬운 듯 아직도 해가 덩그렇게 떠 있다. 6월의 북유럽은 밤 10시가 넘어도 해가 지지 않고 여전히 머리 꼭대기 위에서 맴돌다가 두어 시간 지나면 다시 올라오니 참 자연의 이치는 묘하기만 하다. 대신 일 년 중 4개월이 지나면 온종일 밤만 계속되어 복지 조건이 좋다는 북유럽 국가이지만 자살률이 높다는 것도 어느 면에선 이해가 되었다.

스칸디나비아반도의 움푹 들어간 지형 조건으로 바람 한 점 없는 바다 위는 호수처럼 잔잔하고 평온하다. 핀란드의 수도 헬싱키에서 출발한 실야라인(SILJA LINE)유람선은 2,800여 명이 탑승할 수 있는 13층 높이와 58,000t급을 자랑하는 듯 위용이 대단하다. 배에 타자마자 악단과 가수들이 우리를 환영했다. 양쪽에 늘어선 커피점, 식당, 상가를 비롯한 편의 시설이 내가 배 안에 있는 것이 아니라 백화점에라도 온 것 같은 착각을 불러일으켰다.

방금까지도 핀란드를 여행했었다. 그런데 스웨덴의 스톡홀름으로 향하는 유람선을 타자마자 갑자기 다른 세상에 온 것 같아 내 마음은 붕 떠버렸다. 마치 여행 속의 여행을 하는 기분이랄까. 그동안 제주도와 금강산 일본 등, 배를 타는 여행을 몇 번 해보았다. 지금은 이제까지보다 가장 큰 배를 타서 그런지 느낌이 전혀 달랐다. 우리 일행 중 어떤 이는 9만 톤짜리도 타보았다며 경험담을 얘기했지만 내가 타보지 않아선지 실감이 나지 않았다.

면세점에서 물건을 사느라 사람들은 홍청대고 초등학교 저학년 정도로 밖에 보이지 않는 사내아이는 생음악에 맞추어 마치 비보이나 되는 것처럼 멋들어지게 춤을 추었다. 음악은 흥겨웠고 어떤 이는 지나가면서도 춤을 추면서 갔다. 보기에는 초라해 보이지만 현금만은 가장 많다는 중국인들도 이젠 전혀 촌스럽지 않고 세련된 이들이 많았다. 어디를 가도 중국인들의 기세는 더욱 커지고 있었다. 이곳 유람선 안에서도 여기저기 사진을 찍느라 한창이다. 백화점 한 개를 뚝 떼어 옮겨 놓은 듯 끝 모를 면세점에서 사고파는 사람의 물결! 꼭대기 층에선 어른이나 아이 할 것 없이 풀장에서 가족들과 함께 수영과 월풀 시설을 즐기고 있었다.

잔잔한 바닷길을 달리는데 갑자기 왜 타이타닉호가 생각나는 것일까? 그때도 수천 명의 사람들이 세계에서 가장 큰 배로 여행한다는 기쁨으로 들뜸과 북적임, 홍분으로 즐거워했으리라. 그때도 몇십 가지의 이름 모를 음식들의 만찬과 흥겨운 음악에 부풀며 행복해했을 테지. 타이타닉호 승객들도 잠시 뒤에 그들이 침몰할 줄은 꿈에도 생각하지 못했을 것이다. 우리 인간은 이렇게 무지하다. 앞으로 들이닥칠 어떤 어려움도 전혀 예상하지 못한 채 한 발 한 발 앞으로 나아가고 있다. 한 치 앞도 모르면서 나름대로 계획을 세우며 이 세상에서 천년만 년 살 것처럼 착각하고 있다.

성경에서는 어리석은 농부 이야기로 우리에게 경각심을 준다. 어느 농부가 농사가 잘되어 농작물이 많아지자 창고가 부족했다. 농부는 창고를 더 지어서 농작물을 보관하면 삼 년 동안 먹을 양식이 풍부할 거라며 기뻐한다. 이때 하나님이 “어리석은 농부야. 오늘 밤, 네 영혼을 데려가면 네 것이 뉘 것이 되겠느냐?”라며 깨우쳐준다. 환경이 바뀌자 나의 마음도 긴장이 풀어지고 들뜬 분위기에 휩싸이고 말았다.

이 시간 세상 유혹에 휩쓸리는 나 자신을 곧추세우고 항상 생각하며 살아야 함을 느낀다. 살다 보면 나도 모르게 교만해지고 내 분수를 잊어버릴 때가 있다. 이럴 때 잠시 쉼표를 찍고 풍요 속에 오히려 겸손함을 찾아 나 자신을 돌아보는 계기가 되었으면 한다.

남편은 사업에서 떠나있으면 금방 지구의 종말이라도 오는 듯이 일만 하는 일 중독자에 가깝다. 나 또한 일주일에 세 번은 밤 예배에 나간다. 늦은 밤 내가 집에 들어오면 남편은 벌써 한밤중이다. 자연히 부부간 대화가 뜸해지고 무엇보다 저녁에 같이 가정예배를 드리지 못한지도 오래됐다. 지난해 내가 미국에 갔을 때도 40여 일의 전교인 새벽 기도회에 남편 혼자서도 참여했었는데 올해엔 1주일간의 기도회에도 참여하지 않았다. 내 마음 깊은 곳에서는 '이래서는 안 되는데.' 하는 우려의 소리가 들렸다. 남편이 사업에서 한 발 뒤로 물러서고 하나님께 더욱 가까이 나갈 기회를 만들자는 생각으로 이번 여행을 계획했다. 이번 여행이 우리 가정을 회복시키고 마음과 몸이 새로워지는 시간이 되길 바란다.

지금은 늦은 밤 객실에서 예배를 드리고 남편은 취침에 들어갔다. 집에서는 따로따로 생활하지만 이곳 배 안엔 객실이 하나라 남편도 꼼짝없이 같이 예배를 드려야 한다. 창밖은 밝고, 난 이 생각 저 생각으로 잠이 오지 않는다. 선상의 태양은 구름 속으로 살짝 얼굴을 감추었다. 그런데도 무슨 미련이 남았는지 여전히 내 머리 위를 맴돌고 있다.

(2014. 6. 23. 북유럽 여행 중에.)

플라멩코 춤에는 집시가 없다

●

자지러들 듯 잦아들다 끊어지는가 싶더니 다시 여린 소리에서 점점 더 세게 거침없이 올라간다. 강렬한 발짓과 함께 손을 위로 치켜들며 '쿵 자라 작작 쿵 짝짝!'하며 멈춘다. 관중들은 '올레! (잘한다.) 올레!'를 연발하며 무대는 점점 더 열광의 도가니로 빠져든다. 찰나의 정적 뒤에, 남성 무용수가 나와서 역시 현란한 발동작과 함께 듀엣으로 춤을 이어 나간다. 발 스텝은 미국 흑인들의 탭댄스를 연상시킨다. 가수는 마치 랩을 구사하듯이 중얼거리다가 격한 어조로 한 단계 올라간다. 여인은 한풀이 하듯 읊조리는 가수의 노래와 애잔한 기타 반주에 손뼉을 치며 추임새를 넣는 남성과 한 호흡으로 환상적인 예술을 완성한다. 가사의 내용을 몰라도 떠돌아다니던 집시들의 애환이 그대로 느껴진다.

남성과 여성 무용수들은 그들의 마음을 담아 미간을 찡그리며 슬픔을 나타낸다. 상체는 꽉 조이고 엉덩이 아래부터 공작 꼬리처럼 길게 늘어트린 의상은 보는 이에 따라 관능적인 느낌을 받을 수도 있겠다. 그러나 실제 플라멩코 춤을 관람하는 중에는 오직 예술적인 감흥에 사로잡힐 뿐이다. 여러 조각으로 덧댄 치마는 천의 색깔도 색색이어서 집시들이 떠돌아다니며 구한 천 조각으로 만든 것이 아닌가 생각도 해본다. 보통 사람들은 걷기도 힘들 텐데 이들은 어려서부터 춤과 함께 살아선지 치마의 꼬리를 들어 올렸다가 휘감았다가 자유자재로 움직인다.

'플라멩코'란 춤은 춤추는 모습이 플라밍고 새와 비슷하다고 하여 붙여진 이름이라는 말이 있듯이 손 모양이 새의 부리를 연상시키는 것 같다. 안달루시아 지방의 '펠라 민 구에르 아드'(땅 없는 농민)라는 말에서 유래되었다는 말도 있다. 그도 그럴 것이 1425년경에 북부 지역에서부터 내려온 집시들이 유랑생활을 했던 것과도 관계가 있을성싶다. 2010년에는 유네스코 무형유산 걸작에 등재되어 스페인에서는 플라멩코 학과가 생겼다고 한다. 내가 관람한 플라멩코 춤의 남성 무용수도 교수라는데 그가 빨강 구두를 신고 춤을 출 때 많은 여성을 사로잡는다고 한다.

우리나라의 사물놀이에 네 가지 악기가 있듯이, 플라멩코도 네 가지 요소를 갖추어야 한다. 바일레baile(춤), 토게togue(기타), 칸테cante(노래), 할레오jaleo(손뼉 및 추임새)가 있어야 한다. 춤과 기타와 노래는 기술이 좋아야 한다지만 그중 아무것도 들지 않고 손뼉만 치고 한 번씩 소리만 지르는 것이 뭐 그리 기술일까에 대해

의문이 갔다. 자세히 보니 사물놀이에서 꽹과리가 상쇠이고 판소리의 고수가 장단을 맞추듯이 할레오가 그중 제일 중요한 것 같았다. 뒤에서 장단만 맞춰 주는 것 같지만 그가 빠져서는 플라멩코가 맥이 빠져버리기 때문이다.

지인들과 함께한 이번 스페인 여행에서 첫날 보았던 안토니오 가우디가 설계한 옥수수자루 같은 성가족성당만 보아도 스페인은 다 보았다고 생각했었다. 그러나 뜻밖에 세비야 지방에서 플라멩코 춤을 관람했을 때 첫 여행기는 단연 플라멩코였다. 더구나 플라멩코 춤을 처음으로 무대에 올려 발전시킨 곳이 세비야라니 우리에겐 행운이었다.

자유로운 영혼의 대명사 집시들이 췄던 플라멩코가 스페인 정부의 중요한 관광 수입원이 되는 예술로까지 발전한 데는 그만큼 정부의 노력도 있었을 거다. 내가 알고 있었던 플라멩코 춤은 멋진 의상을 입고 허리와 엉덩이를 흔들며 캐스터네츠를 치며 남자들을 유혹하는 것쯤으로 생각했었다. 막상 관람해보니 유혹이 아닌 그들 내면의 외침이었고 살기 위한 몸부림이었다. 그렇게라도 하지 않으면 폭발해버릴 것만 같은 감정을 잠재우기 위한 돌출구였다.

아울러 스페인은 무적함대를 가졌던 강한 나라라고만 생각했던 나의 무지를 또 한 번 깨달았다. 우리 민족보다 더 외적의 지배를 많이 받았던 그들이었다. 처음에는 로마에 의해, 다음에는 이슬람 민족에게서 700년이나 지배를 받았던 고로 알함브라궁전이 유적으로 남았다. 다시 이사벨 여왕이 가톨릭으로 국교를 정하고 철옹성 같은 알함브라궁전 안에 입성할 수 있었던 것은 집시들의 도움이 컸다고 한다. 집시들은 아무 데나 떠돌아다녀 요새와도 같은 궁전 내부에 들어갈 수 있는 길을 알았다고 한다. 이들은 한 군데 정착하는 것을 싫어하기 때문에 지금도 직장에도 들어가지 못하고 보따리 장사나 하면서 어떤 이들은 소매치기로까지 전락하여 연명한다니 참 안타까웠다.

이런 민족의 배경이 있었기에 플라멩코 춤이 탄생했다. 우리나라도 '남사당패'라는 유랑극단이 있었는데 지금은 사라져버렸다. 하지만 스페인엔 플라멩코 춤이 있다. 집시들이 플라멩코 춤을 계속 전수하여 그들의 정체성을 계승 발전시키고 이에 따라 생활환경이 좀 더 나아졌으면 하는 바람이 컸다. 하기야 그러면 자유로운 영혼 집시가 아닐 것이다. 플라멩코 춤은 계속 갈채를 받는데 집시들은 여전히 배고프다는 사실에 잠시 마음이 씁쓸해진다. 집시들의 애환과 치유, 기쁨이었던 플라멩코 춤! 하지만 스페인 정부의 문화와 관광 상품이 되어버린 오늘날의 플라멩코 춤에는 집시가 없다.

(2015. 5. 30.)

마지막 에덴

●

완벽한 몸매다. 엉덩이부터 허벅다리로 이어지는 완만한 곡선, 종아리를 지나 가늘면서도 탄탄한 발목은 조금의 모자람이나 넘침이 없다. 자르르한 윤기에 착 달라붙은 털옷은 아무리 유능한 장인이라도 흉내 낼 수 없으리. 시집온 색시가 첫 딸을 얻어 머리가 길어지기 시작하면 엄마는 딸아이의 머리를 쫑쫑 땋아 고무줄로 맨다. 끝머리는 찰랑찰랑 바람에 나부낀다. 얼룩말의 꼬리는 그 아이의 머리를 닮았다. 흠씬 풀을 뜯어 먹어 기분이 좋은지 꼬리가 이리저리 살랑거린다.

수백 마리가 넘을 듯한 누 떼는 서로의 영역을 침범하지 않고 어우러져 있다. 벌렁 누워서 휴식을 취하거나 서로의 목을 핥아주며 정을 나누든지 행동도 가지가지다. 엄마를 따라 물을 먹으러 나온 아기 코끼리에게서도 쉽사리 눈길을 떼지 못한다. 어느새 나는 동물원의 코끼리 한두 마리에 신기해하던 것도 잊어버렸다. 나의 기대치는 높아져 수십 마리쯤이나 되어야 놀라게 된다. 이곳 응고롱고르 분화구에서는 코끼리가 너무 많아지는 것을 막기 위해 수컷만 기르고 암컷은 다른 곳으로 보낸다고 한다. 분화구의 특성상 풀의 양이 한정되어 있어서일 게다. 유난히 배부른 얼룩말들을 보니 생존 원칙을 위배하는 것 같지만 '코끼리 정책'도 이해가 간다.

거기에 비하면 세렝게티 국립공원은 동물의 천국이다. 경상북도와 비슷한 면적에 달하는 드넓은 초원에서 약 400만 마리의 동물이 산다고 한다. 동물 떼는 우기가 지나면 탄자니아 국경 너머로까지 풀을 찾아 이동하며 산다는 정보다.

주로 바위를 근거지로 기거하는 사자를 보기 위해 새벽부터 길을 나섰다. 사자가 암수 짝을 이루어 바위 위에 누워 있다. 새벽에 아무에게도 방해받지 않고 짝짓기를 한다고 한다. 사자들이 짝짓기하는 모습을 보았다는 일행도 있었다. 지프차 소리는 이미 이곳 동물들에게는 한낱 다른 어떤 동물의 소리에 불과하다는 듯 별다른 반응을 보이지 않는다. 오히려 우리가 동물이 있는 곳에서는 침묵해야 한다. 동물이 놀라 다른 곳으로 도망가면 그들을 볼 수 없으니 도리어 우리가 손해다.

옅은 황토색 몸뚱이에 짙은 갈색 줄무늬가 있는 임팔라가 떼 지어 몰려다닌다. 몸집이 큰 동물만 보다가 가녀린 임팔라를 보니 느낌이 새롭다. 새끼 임팔라는 엄마를 따라 종종거리며 풀을 뜯고 젖을 빤다. 임팔라는 약한 초식동물이라 유난히 겁이 많다. 풀을 뜯다가도 한 번씩 놀라 귀를 쫑긋거린다. 큰 동물 소리에 놀랐는지 가는 다리를 힘껏 뻗어 달아난다. 가장 위험을 느낀 최후의 순간에 비상하는 모습은 장관이다. 그렇게 길게, 높이 뛰는 모습은 여기서만 볼 수 있는 광경일 것 같다. 형태는 비슷하지만 뿔의 위용을 드러내는 가젤도 가장 흔하게 보는 동물이다.

동물의 왕은 사자라지만 겉모습으로만 보면 역시 기린이다. 숲 사이에서 갑자기 기린이 긴 목을 드러내며 우아하게 걸어 나온다. 슬로비디오도 아닌데 스르르 걸어 나오는 모습이 동영상을 천천히 돌리는 것 같다. 그 모습을 보는 것만으로도 좋았다. 기린은 숲을 지나 물가로 나오더니 우리 쪽을 향하여 한 번 포즈를 취하고 다른 쪽을 향해 또 한 번, 마치 미인대회나 패션쇼를 하는 듯하다. 머나먼 땅에서 자신들을 보려고 찾아온 우리에게 넉넉하게 봉사해주었다. 어디서나 기린은 몇 마리만 모여 있어도 우리의 시선을 끌기에 족하다. 아빠와 엄마가 새끼와 어우러져 다니는 동물 가족은 모든 동물에게 가장 자연스러운 모습이다.

버펄로와 코끼리, 사자, 표범과 코뿔소, 이들을 아프리카의 빅 파이브라고 하는데 다행히도 이런 동물들을 다 보아 흡족했다. 비록 코뿔소는 멀리서 단 한 마리만 보았지만 볼 수 있었다는데 의미를 두었다. 사실은 수십만 마리나 수천 마리쯤 된다는데 우리가 눈으로 볼 수 있는 동물의 수는 한계가 있다. 그만큼 초원이 넓게 펼쳐져 있어서다.

아프리카의 특성상 다른 대륙에서는 볼 수 없는 꽃들이 많다.

초원 사이에 넓게 퍼져있는 나팔꽃 모양의 꽃, 에델바이스처럼 잎이 두꺼운 꽃과 노랗고 잔잔한 이름 모를 꽃. 바오바브나무는 사막에서는 몸에 물을 많이 저장하기 위해 몸뚱이가 부풀어져 있는데 물이 많은 이곳에서는 보통 나무와 같이 잎이 무성하다. 대신 영양 상태가 좋아 몇백 년은 되었음 직한 모양새를 하고 있다. 선인장은 우리나라의 느티나무와 같이 높이 솟아 있다. 아프리카에 가장 많은 나무는 가시가 달린 아카시나무다. 우리나라의 아카시나무와는 다른데 여기서는 아카시라고 부른다. 기린은 이런 나무의 잎을 따먹고 있다. 가시에 찔리지 않을까 걱정이 된다. 자세히 보니 처음 나오는 여린 순은 가시가 연해 먹을 수 있나 보다. 동물들도 나름대로 생존 법칙을 잘 알고 있었다.

탄자니아 정부는 하나님이 주신 자연과 동물을 잘 가꾸고 보호만 하면 자손 대대로 관광 수입을 잘 올릴 수 있을 것 같다. 우리를 보면 동양 사람이라고 무조건 "니하오마"라고 한다. 그럼 우리는 "안녕하세요?"라고 대답한다. 외우기라도 하려는 듯이 그들이 또다시 따라 한다. 사람들 대부분은 해외여행을 계획할 때 가까운 동남아나 중국부터 시작한다. 조금 지나면 더 멀리 눈을 돌려 서유럽, 호주 등에서 미국이나 북유럽으로 지경을 넓힌다. 그러다가 용기 있는 사람들은 '그래도 세계 제1의 폭포는 봐야지.' 하며 남미 쪽으로 발길을 돌린다. 마지막으로 갈 곳은 아프리카라고 생각하여 이젠 한국 사람들이 아프리카로 몰려오고 있다.

끝없이 펼쳐진 평원에서 친구와 형제, 가족과 함께 어우러져 먹고 싶은 대로 먹고 마음껏 노니는 동물을 보며 동물에게는 이곳이 천국이겠거니 생각해본다. 여기서는 우리 인간도 그 자연의 일부에 지나지 않음을 느낀다. 하나뿐인 지구를 창조하시고 '생육하고 번성하여 땅에 충만 하라.(창 1:28)'라는 성경 말씀은 우리 인간에게만이 아닌 모든 자연에게 주어진 혜택임을 다시 한번 느낀다. 또한 우리 인간에게 주신 특권 '다스리라.'는 말은 잘 가꾸고 보존하라는 뜻임을 깨닫는다. 아마도 이곳이 이 땅에 남은 마지막 에덴이 아닐까? 동물에게 방해가 되지 않도록 조용히 하라는 안내원의 말이 아직도 귓가에 맴돈다.

"쉿!"

살아 천년, 죽어 천년

황량한 사막 위에 나목이 군데군데 모습을 드러냈다. 스페인의 화가 살바도르 달리는 멀리 사막을 배경으로 책상 위에 축 늘어진 시계를 그렸다. 앙상한 나무에 걸쳐놓은 시계 그림은 미술 교과서에 '기억의 지속'이라는 작품으로 유명하다. 달리가 이곳 아프리카에 오지 않았을 수도 있지만 그 그림 속의 배경과 진정 흡사하다. 사막의 부드러운 능선과 뼈만 남은 나무가 묘한 대조를 이루며 내 시야로 들어왔다.

축구장 몇 개는 됨직한 넓은 분화구처럼 보이는 그곳에 가기 위해 모래 속에 발을 담그며 걷고 걸었다. 태양은 머리 위에서 이글거리고 모래는 그렇게 쉽게 비경을 보여 주기 싫다는 듯 내 발을 끌어당겼다. 안내원은 "저 너머에 있습니다."라는 한마디만 남기고 우리를 사막의 중간 지점에 내려놓았다. 가벼운 마음으로 금방 도착할 줄 알았던 나는 특별한 풍경 없는 여전히 모래 언덕 뿐인 사막의 모습에 기다림도 서서히 바닥나고 있었다.

작은 둔덕을 넘자 충분히 1㎞는 넘을 만한 거리에 초현실주의 화가가 그려놓은 풍경이 펼쳐졌다. 뒤틀리고 몸부림친 흔적을 고스란히 간직한 나무의 군락들, 붉은 모래언덕이어서 그런지 유난히 푸른 하늘을 배경으로 고통으로 새카맣게 타버린 고독한 나뭇가지…….

"데드 블레이(Dead Vlei)다."

누군가 외쳤다. 데드 블레이의 중심지까지는 아직도 거리가 멀다. 우리는 저마다 사진으로 남기기 좋은 장소를 찾아 시간 가는 줄도, 더위도 잊고 셔터를 눌러 대기에 바빴다. '언제 여기에 다시 올 수 있으랴.' '하나라도 더 남기자.' 안내원과의 약속 시간은 다가오는데 사진 찍느라고 제대로 감상할 수가 없었다. 끝까지 가볼 엄두도 못 내고 어영부영하다가 발길을 돌렸다. 햇볕은 더 갈증을 불러오고 더위를 식힐 나무 그늘 하나가 없었다. 아니 이곳은 푸른 나무가 없고 고사목만 있어서 세계의 사진작가들이 이곳으로 온다지 않은가. '이곳을 떠나면 좀 더 보고 올 걸.' 하고 아쉬워할는지도 모르는데. '고민이 살짝 스쳤지만, 어서 이 상황을 벗어나고 싶은 마음에 돌아가는 대열에 합류했다.

나미브 사막의 '45 둔'이라는 모래언덕의 일출을 보고 차를 달려 데드 블레이를 감상하려고 사람들은 새벽부터 길을 나섰다. 트럭을 개조한 여행 차량을 타고 대여섯 시간을 달려 텐트에서 자고 다시 몇 시간을 달려 다음 장소로 갈 예정이었다. 순전히 이곳을 오기 위한 우리의 노력이 과연 헛되지 않다는 듯이 나의 뇌리에 말라죽은 나무들의 환영이 사라지지 않았다.

'우리는 찰랑거리는 물결 속에 물을 흠뻑 먹고 싹 틔우고 꽃 피워 사람들의 사랑을 많이 받았어. 숲은 무성했고 내 밑에서 동물들은 풀을 뜯고 마음껏 노닐었지. 그런데 언제부턴가 모래바람이 불기 시작했지. 처음엔 눈을 뜨기 어려운 모래바람도 시원해서 상관하지 않았어. 심각하다고 느꼈을 땐 모래언덕이 커다란 산으로 바뀌기 시작할 무렵이었어. 모래언덕이 둘러싸서 물은 점점 줄어들고 친구 동물들도 차츰차츰 떠났지. 마실 물도 점점 줄어들었어. 내 피부는 트고 뒤틀리기 시작했어. 어쩌다 비가 오면 빗방울을 한 모금이라도 더 마시고 싶어 내 손은 하늘로, 하늘로 뻗어 올라갔지. 내 뿌리는 모래 속에 박힌 한 줄기의 습기라도 더 모으기 위해 깊이 내려갔지. 그러나 그때뿐, 물기는 뜨거운 대지 위에서 마르고 비는 그쳐 버렸네. 난 최후의 순간까지 내 속의 물기를 모으기 위해 애쓰다가 그만 쓰러져 버렸지. 난 비참히 쓰러졌건만 사람들은 이런 내 모습이 신기하다고 몰려오네. 하루에도 수십 명씩 수백 명씩……. 난 그런 사람들의 시선을 감내해야만 해. 살아서도 죽어서도 편히 쉴 수가 없네.'

말라비틀어진 나무의 탄식이 들리는듯하다. 그대로 말라버린 것이 아니라 사방으로 뒤틀려 이리저리 비틀어진 모습이 더욱 안타깝다. 일단 겉 피부가 들뜨면서 뒤틀리고 속 피부는 보이지 않지만

속 피부도 세포 하나하나 그렇게 뒤틀려 있을 것이다.

'부자와 나사로'라는 성경 이야기가 있다. 부자는 날마다 호화롭게 즐기다가 세상을 떴다. 그 집 대문에서 밥을 얻어먹던 나사로라는 거지도 세상을 떴다. 부자는 지옥의 불구덩이에서 천국을 바라보았다. 나사로는 아브라함의 품에서 안식을 누리고 있었다. 부자는 나사로의 손가락 끝에 물 한 방울을 찍어서 자신의 혀를 서늘하게 해달라고 간청했다.(누가복음 16:19~24). 그 부자의 고통이 데드 블레이의 나무에 비교될까. 역사 속의 인물 영창대군이 아궁이에 불을 때 뜨거워진 방 안에서 고통 속에 죽었다는 이야기가 떠올랐다. 사도세자도 뒤주 속에서 8일 동안 목말라 몸부림치다가 죽었다지 않은가. 죽음도 한순간에 죽는 것이 가장 편하다는 생각을 했다. 목말라죽는 것, 참 비참한 일이다.

그런 죽음을 맞이한 데드 블레이의 나무에게 한마디 위로를 해주고 싶다. 몇백 년이 지났어도 그래도 지금까지 이름을 남기고 많은 사람의 사랑을 받고 있다고. 너희의 죽음은 결코 헛되지 않았고 사람들은 그걸 기억하고 있다고.

일행 중 하나가 말했다.

"아, 이 나무가 바로 살아 천년, 죽어 천년이라는 그 나무구나."

천상의 꽃

누군가 내게 메일을 보내왔다. 평소에 여행을 좋아하는 나는, '가보고 싶은 100선', '죽기 전에 가봐야 할 곳' 등 경치나 명소가 담긴 영상이었다. 이번엔 산이다. 산이라면 봉우리가 있기 마련인데 깎아지른 절벽으로 올라가다가 봉우리는 싹둑 잘라 평평한 모양이 예사롭지 않았다. 넓지도 높지도 않지만 모양이 특이해 한 번 가볼만한 곳이라고 생각했다.

이번 아프리카 여행의 주 목적지는 아니었지만 그 이름만은 많이 들어 케이블카를 타기 위해 줄을 섰다. 뙤약볕 아래 두어 시간쯤 기다렸을까? 드디어 우리 차례가 왔다. 입구에서 사람들이 사진을 찍고 있었다. 세계 7대 자연경관으로 지정된 곳을 세계지도에 표시해 놓은 곳이었다. 그중 아프리카에 단 한 곳 테이블 마운틴이 있었다. 거기에 일본과 중국에도 없는 우리나라의 제주도가 자랑스럽게 자리 잡고 있었다. 이럴 땐 평소에 느끼지 못했던 애국심이 발동한다. 너도나도 셔터를 눌러댔다.

채석강처럼 떡시루를 엎어놓은 듯한 바위들이 켜켜이 쌓여 명산을 만들어 놓았다. 올라와보니 왜 이 산이 7대 경관 중의 하나인지 알 것 같았다. 지평선이라고 불러줘야 할 정도의 편편한 산 정상위에 사람들이 다닐 넓은 바위길이 펼쳐져 있다. 거기다 이제까지 한 번도 볼 수 없었던 식물원에서나 볼 수 있는 준수한 꽃이 군데군데 피어 있다. 바위 틈새에서는 선인장 과의 새빨간 꽃들이 잔잔하게 피어 있는가 하면 다래다래 봉오리를 매단 주홍색의 꽃이 긴 목을 곧추세우고 고고함을 드러냈다. 서광 꽃을 닮은 탐스런 노란 꽃이 큰 나무로 자라 무리 지어 피어 있었다.

아스라이 떨어진 절벽 아래 남아프리카 공화국 케이프반도의 곡선이 도시와 어우러져 하얀 파도가 부서지는 모습이 일품이었다. 크진 않지만 산 위에 푸른 호수까지 있어 내 눈을 시원하게 해 주었다. 발 빠른 이들은 벌써 그곳까지 다녀왔다. 난 여기저기 사진을 찍다보니 반 정도밖에 가지 못했는데 벌써 가야 할 시간이 되었다. 용기 있는 사람들은 금방 떨어져 버릴 것만 같아 위험해 보이는 절벽에 서서 사진을 찍었다. 또한 한 시간 남짓 걸리는 산 둘레 한 바퀴를 돌아온 이들도 있었다. 그들은 산 위의 카페에서 사 먹을 수 있는 점심도 거른 채 다음 여행지로 가야만 하니 그 열심이 대단했다.

기다리는데 두어 시간 관광 한 시간 반, 너무했다. 공기는 비할 수 없이 청정했다. 미세먼지에 시달리던 우리 한국인들에겐 여기서 온종일 있고 싶은 마음이었다. 그러나 우리의 바람은 이루어지지 않았다. 50명 정도씩 타는 케이블카 두 대로 이 많은 사람을 수송하려면 시간이 빠듯할 수밖에 없는 듯했다.

내려와서도 산 정상에서 본 광경들이 눈에 아른거려 정말 내가 거기에 갔다 왔는지 실감이 나지 않았다. 아마도 그동안 볼 수 없었던 광경들을 보아서 일 게다. 안내원은 캠스베이 해변에 우리를 풀어놓고 식사까지 하고 오라고 시간 약속을 잡아주었다. 각 팀별로 가고 싶은 식당에서 식사를 하는 것이 우리의 미션이었다. 해변에는 백화점이나 쇼핑센터 갖가지 종류의 식당들이 즐비하게 늘어서서 우리의 입맛을 돋우고 있었다. 메뉴를 보고 주문을 하는 것도 영어가 서툰 우리에겐 도전이었다. 되지도 않는 영어 실력으로 음식을 주문하고 식사를 기다리는데 도무지 음식이 나오는 기색이 없었다. 이 사람들은 모든 게 슬로 슬로인데 바쁘고 시간이 없는 우리는 '빨리빨리'의 한국인들이 아닌가. 몇 번이나 종업원을 불러 시간이 없다고 채근했다. 종업원은 특유의 천진한 웃음을 띄우며 시간이 충분하니 염려 말란다. 우여곡절 끝에 겨우 식사를 마치고 나왔다. 이런 일을 앞으로 스믈 여덟 번이나 겪어야 한다. 우선 첫 미션은 성공이었다.

식당 앞에서는 아까 올라갔다 왔던 테이블 마운틴이 흰 머리가 되어 신비스러운 모습으로 우리를 반겨 주었다. 하루에도 몇 번씩

구름이 산마루를 덮어 마치 식탁보를 얹은 것 같은 모습을 보여 준다는데 마침 우리가 그 모습을 볼 수 있어 다들 한 컷씩 기념으로 남겼다.

날은 이미 어둑해지고 호텔에 들어서 창문을 여니 테이블 마운틴이 바로 옆에 있는 듯 검은 실루엣을 보이며 또 다른 모습을 선물했다. 산 아래 빌딩의 불빛을 머금은 야경 속의 검은 테이블 마운틴도 새로움이었다. 케이프타운 사람들은 테이블 마운틴과 함께 살고 함께 죽을 것이다. 어제도 있었고 오늘도 있고 내일도 있을 테이블 마운틴. 비록 웅장한 모습은 아니지만 갖출 것은 다 갖춘, 볼수록 보고 싶어지는 매력 있는 여자처럼.

"테이블 마운틴! 그대는 한 송이 천상의 꽃이어라."

노예 섬

옥빛 바닷물에 유연하게 펼쳐진 하얀 모래밭, 그대로 바닷속으로 빠져버리긴 마냥 아쉬운 듯 머뭇거리는 태양. 역광의 윤곽을 남기며 고즈넉이 서 있는 야자수는 여느 남방의 섬 풍경과 다를 바 없었다. 그런데도 아프리카 잔지바르섬에만 있는 마을을 보려고 사람들이 몰려들었다. 물건을 파는 마켓이 아니라 노예를 팔았던 노예시장(slave market)이었다.

19세기 초 인도양의 프랑스령 섬들은 최고의 향료로 꼽히는 정향을 생산하기 위해 많은 노예가 필요했다. 인도 향료 무역 최대 수요국인 아랍 국가들은 노예 수출로 많은 부를 이루었다. 잔지바르의 정향은 품질이 좋아 자연스럽게 노예 수출의 근거지가 되었다. 각 지역의 노예들이 잔지바르로 들어와 노예시장으로 성황을 이루었다고 한다. 하루에도 몇백 명씩 팔려 온 노예와 상인들로 북적였다.

1873년 영국령으로 바뀐 뒤, 잔지바르섬에서는 노예무역이 금지되었다. 대신 육로를 이용한 노예무역은 한동안 이루어져 동아프리카로부터 소말리아 등 서아프리카까지 노예를 끌고 가기도 했다. 가는 동안 많은 노예가 죽었음은 말할 것도 없다. 당시 노예로 붐비던 거리는 그 노예거래를 하던 곳을 찾아 나서는 관광객들로 붐비고 있으니 씁쓸했다. 좁고 구부러진 골목길이 많은 이슬람 마을을 가로질러 노예시장이 있던 곳을 찾았다.

노예무역이 금지된 뒤, 노예를 가두어 놓고 거래하던 현장에 에드워드 스티어 대주교에 의해 성당이 건축되어 박물관과 기념 동상 등 사진을 전시해 놓고 있었다. 그중에 여섯 살밖에 되지 않은 사이프리아니 '아즈마니' 라는 노예는 도망하려다가 붙잡혔다. 그 아이는 14.5kg이나 되는 통나무를 매단 채 생활해야 했다. 쇠사슬로 묶여있어 이동하려면 머리에 이고 가야 한다니 그 고통을 어떻게 말하랴. 선교사가 와서 풀어주기까지 일 년 동안이나 그렇게 지내야 했다. 남자 방과 여자 방으로 나뉜 대기소는 교실 반 칸 크기의 작은 공간에 칠십여 명 정도를 몰아넣어 하룻밤을 재운 뒤, 나무에 묶고 무조건 때려 견디는지 여부에 따라 가격이 매겨졌다고 한다. 약하여 견디지 못하면 다시 대기소에서 가서 또 기다려야 했다. 그러기를 반복, 인간의 잔인함이 어디까지인지 애달픈 노릇이었다.

이 모든 일이 당시 왕이었던 술탄에 의해 허락되었으니 백성이 행복하려면 지도자를 잘 만나야 함을 새삼 깨달았다. 왕은 그 수입으로 외제차나 각국에서 건너온 호화 사치품을 사들이고 생활했다. 왕궁이라 하여 입장료까지 내고 관람했는데 관람할 땐 노예시장을 가지 않았을 때라 이곳 왕도 품위를 유지하고 살았다는 느낌을 받았다. 노예시장을 방문하고 보니 그게 다 노예무역의 결과로 이룰 수 있었다는 생각에 묘한 분노까지 느꼈다.

이들은 수백 년 동안 무슬림의 지배를 받아 지금도 거의 무슬림이고 호텔도 무슬림 호텔로 배정되어 특유의 향내가 진동했다. 마침 내가 투숙한 곳은 방에 문제가 있어 이웃 호텔로 옮겨서 잘 해결되었지만, 그곳에 머물렀던 나머지 일행들에게 사흘 내내 미안했다.

《뿌리》의 작가 알렉스 헤일리의 7대 할아버지 쿤다킨데도 숲에 나무 베러 갔다가 노예상에게 납치되어 미국으로 끌려가 노예가 되었던 것이 생각났다. 우리 조상들도 과거에 몽고로 끌려가 노예가 되었고 일본에게 나라도 빼앗겼었지만 약한 이들은 언제나 비참했다. 역사는 강한 자들에 의해 써지고 이끌어졌다.

잔지바르 사람들은 예전에도 그랬고 오늘날에도 스카프를 들고 '몇 달러'를 외치며 관광객을 따라다니고 있는 수준에서 벗어나지 못하고 있다. 이미 그들은 노예의 신분에서 해방되었고 세계는 지금 민초들이 승리하여 차츰 민주화가 되어 가고 있는 이즈음에도 말이다.

잔지바르섬 말고도 일이백 년 이상 된 거북이가 많이 사는 인근의 거북이 섬에도 노예무역의 흔적이 있었는데 지금은 모두 식당이나 카페로 바뀌어 관광객을 상대로 외화벌이를 하고 있었다.

노예상이었다가 회개하고 목사가 되어 어메이징 〈그레이스(나 같은 죄인 살리신)〉 찬송가 작곡으로 유명한 존 뉴튼 목사의 일화와 TV에 나오는 잔지바르 노예 섬을 보고 나도 언젠가 가보리라고 생각했었다. 실제 사진과 형상화한 동상을 보고 '약한 자의 설움이 이런 것인가.' 하는 마음이 들었다. 가슴에 돌을 얹어 놓은 듯 무거웠다.

미국에서 '숨을 쉴 수가 없다.'는 마지막 말을 남기고 떠난 흑인 조지 플로이드를 애도하기 위한 시민들의 시위로 세계는 들썩이고 있다. 미국서 시작되었지만, 세계로 번져 17세기 영국 노예 무역상 에드워드 콜스턴의 동상이 에이번 강에 내던져졌다는 소식이 오늘의 지면을 장식했다. 노예 무역상이 자선사업가로 변신해 기부를 많이 한 결과 곳곳에 동상까지 세워졌던 에드워드 콜스턴. 그의 동상은 오늘날 반인종차별 시위대에 의해 강물 속에 빠지는 처지가 됐다. 수 세기가 지났어도 역사는 결국 그렇게 심판했다.

파랑과 흰색을 섞어 뿌린 듯 담청색 바다 위에 한가로이 떠 있는 스노클링을 하던 배와 어선들. 이 평화로운 바다에서 그런 일들이 있었던가. 어떤 배는 노예를 배 밑창에 숨겨 놓기도 했다는데 언제 그런 일이 있었느냐는 듯 바다는 여전히 푸르고 무심했다.

그 바람 때문에

윤효숙 수필집

인쇄 2022년 8월 8일
발행 2022년 8월 12일

지은이 윤효숙
발행인 서정환
펴낸곳 수필과비평사
주소 서울시 종로구 삼일대로 32길 36(익선동 30-6 운현신화타워) 305호
전화 (02) 3675-3885, (063) 275-4000 · 0484
팩스 (063) 274-3131
이메일 sina321@hanmail.netessay321@hanmail.net
출판등록 제300-2013-133호
인쇄 · 제본 신아출판사

ISBN 979-11-5933-408-5 03810

값 13,000원